Meditaciones para la prosperidad

SUSAN SHUMSKY

Meditaciones para la prosperidad

*Prácticas cotidianas para generar
una vida de abundancia*

Prólogo de Joe Vitale, autor superventas de *Cero límites:
las enseñanzas del antiguo método hawaiano del ho'oponopono*

EDICIONES OBELISCO

Si este libro le ha interesado y desea que le mantengamos informado
de nuestras publicaciones, escríbanos indicándonos qué temas son de su interés
(Astrología, Autoayuda, Ciencias Ocultas, Artes Marciales, Naturismo, Espiritualidad, Tradición…)
y gustosamente le complaceremos.

Puede consultar nuestro catálogo en www.edicionesobelisco.com

Colección Espiritualidad y Vida interior
Meditaciones para la prosperidad
Dr. Susan Shumsky

1.ª edición: junio de 2023

Título original: *Prosperity Meditations*

Traducción: *David George*
Maquetación: *Marga Benavides*
Corrección: *Sara Moreno*
Diseño de cubierta: *Enrique Iborra*

© 2021, Susan Shumsky
Título publicado por acuerdo con Hampton Roads Pub. Co. Inc.
a través de Yáñez, parte de International Editors Co. S.L. Lit. Ag.
(Reservados todos los derechos)
© 2023, Ediciones Obelisco, S. L.
(Reservados los derechos para la presente edición)

Edita: Ediciones Obelisco, S. L.
Collita, 23-25 Pol. Ind. Molí de la Bastida
08191 Rubí - Barcelona - España
Tel. 93 309 85 25
E-mail: info@edicionesobelisco.com

ISBN: 978-84-1172-024-3
DL B 8983-2023

Impreso en España en los talleres gráficos de Romanyà/Valls, S. A.
Verdaguer, 1 - 08786 Capellades (Barcelona)

Printed in Spain

Este libro está dedicado a todas las preciosas almas espirituales que visualizan un mundo libre de hambre, sufrimiento y pobreza: un mundo de abundancia para toda la humanidad.

Meditaciones para la prosperidad puede presentar a los lectores el complejo campo de la meditación, la visualización, la afirmación positiva, los mantras y el marcarse objetivos, pero en modo alguno afirma enseñar plenamente las técnicas descritas. Este libro no es una guía independiente para la autosanación. Susan Shumsky no es médica y no diagnostica ni cura enfermedades ni receta tratamientos. No hay reivindicaciones médicas implicadas con respecto a ningún método que aparece en este libro, incluso aunque se mencionen «beneficios» o «sanaciones» concretos de trastornos. Se aconseja a los lectores consultar a un médico o psiquiatra antes de usar cualquiera de los métodos que se exponen en este libro. Susan Shumsky, sus agentes, cesionarios, poseedores de licencias y representantes legales, además de Divine Revelation, Teaching of Intuitional Metaphysics, Hampton Roads y Ediciones Obelisco, no realizan ninguna afirmación ni obligan y no asumen ninguna responsabilidad legal por la eficacia, los resultados o los beneficios derivados de la lectura de este libro, o del uso de los métodos descritos; rechazan toda responsabilidad por cualquier daño o perjuicio sufrido, y estarán exentos de toda responsabilidad frente a cualquier reclamación, obligación, pérdida o daños provocados o que puedan surgir por seguir cualquier recomendación hecha en este libro, o por ponerse en contacto con cualquier persona mencionada en este libro o en www.drsusan.org.

Prólogo

Conocí a Susan alrededor de mediados de la década de 1990. Yo era un escritor desconocido y en aprietos con grandes sueños. Estaba haciendo cola en un salón del libro en Chicago para conocerla. Me encantaban sus libros, sentía una conexión a través de sus palabras escritas y quería darle las gracias por el impacto que había tenido en mí. Cuando hablé con ella, fue amable y paciente. Incluso me dio el nombre de su agente literario, lo que respaldó mis propias esperanzas de que quizás un día también publicarían mis obras a gran escala.

Pasaron décadas antes de volver a contactar con Susan, pero en esta ocasión yo también era un autor a quien habían publicado, y mi fama estaba creciendo debido a mi aparición en una película documental: *El secreto*, que había sido un éxito. Organicé un evento que se celebraría en San Diego y me pregunté si Susan daría un discurso en él. Sus libros se estaban volviendo cada vez más importantes para mi despertar espiritual, y quería que apareciera en mi evento. Estuvo de acuerdo. El evento fue un éxito y su estrella fue, por supuesto, Susan.

En la actualidad, Susan sigue escribiendo libros exitosos y ayuda a la gente a despertar. Ésta es una de sus últimas y más geniales obras. Lidia con la idea de la prosperidad ilimitada ofreciendo meditaciones como puerta de entrada hacia la libertad y la riqueza. Hubiera necesitado este libro cuando era un sintecho a finales de la década de 1970 y viví en la pobreza en la década de 1980. Millones de personas lo necesitan en la actualidad, y ahora más que nunca. La gente no tiene certezas acerca de su futuro y mira hacia el mundo exterior en busca de respuestas, pero tal y como explica Susan, las respuestas se encuentran en nuestro interior, y no fuera de nosotros.

Aplaudo a Susan por su último libro y te animo a entablar amistad con él. Permite que se convierta en tu lectura devocional cotidiana. Léelo. Úsalo. Explóralo.

Y espera milagros.

DOCTOR JOE VITALE,
autor de *Cero límites: Las enseñanzas del antiguo método hawaiano del ho'oponopono* y *El milagro: Los seis pasos hacia la iluminación*

Agradecimientos

Estoy agradecida a aquellos que me han ayudado a llevar este libro a la imprenta. Gracias a Jeff y Deborah Herman, que han sido unos amigos y asesores firmes durante más de veinticinco años. Os doy las gracias, Michael Pye y Laurie Kelly, por vuestro apoyo constante. Gracias, Joe Vitale, por escribir un prólogo tan encantador y elocuente. Gracias a Christine LeBlond, Kasandra Cook y a todo el resto de las personas de Hampton Roads, que han trabajado diligentemente para que este libro se publicara.

Un agradecimiento especial a mis mentores.

Lectura obligatoria:
Cómo usar este libro

«La mente lo es todo. Te convierte en aquello
en lo que piensas».

BUDA

Aunque el 14 % de los estadounidenses adultos afirman que meditan, muchos no alcanzan el bienestar, la claridad mental y la mejora en su fortuna que esperan. Este libro sugiere un método más eficaz que puede aportar unos resultados prácticos y positivos para cualquiera. Esta práctica sencilla y agradable se llama «meditación orientada».

Los métodos, probados en situaciones prácticas, que aparecen en este libro han demostrado ser beneficiosos para millones de personas. La meditación, la intención, la visualización, la afirmación positiva, los mantras y las prácticas de marcarse objetivos pueden proporcionar unos resultados excelentes. No es necesaria ninguna experiencia ni formación. Simplemente sigue las instrucciones y permite que la magia se produzca.

¿CUÁL ES EL OBJETIVO DE LA MEDITACIÓN?

Después de meditar desde hace muchas décadas, considero que la meditación es la panacea contra todos los males. Te centra, relaja y alivia; aporta alegría, inspiración y sabiduría; sana todo tipo de problemas y atrae la buena suerte. Los dolores se desvanecen, las emociones se estabilizan, la felicidad crece, las oportunidades aparecen y el éxito sucede.

Las meditaciones que aparecen en este libro pueden incrementar la estabilidad interna, la confianza en uno mismo, la energía, la fortaleza, el amor y la felicidad. Pueden potenciar tu sentido de la autoestima y atraer la abundancia. Con un mayor bienestar, carisma y atracción magnética, puedes volverte más influyente y próspero en cuerpo, mente y espíritu.

Por encima de todo, la práctica de la meditación constante puede ayudarte a expandir tu conciencia, expresar tu naturaleza divina y hacer realidad el verdadero propósito de tu vida.

¿ES LA MEDITACIÓN UNA PRÁCTICA RELIGIOSA?

Los métodos universales que aparecen en este libro no promocionan ninguna religión concreta. Pueden aplicarse a cualquier camino espiritual. Siéntete libre de modificar la terminología para que se adapte a tus afinidades personales. Puede que, por ejemplo, prefieras la palabra «Diosa» antes que «Dios», o «Espíritu» mejor que «Espíritu Santo». Puedes invocar a Krishna, Buda, Jesucristo, Alá u otros. Cualquier nombre divino que prefieras es aceptable.

¿QUÉ ES LA «MEDITACIÓN ORIENTADA»?

La «meditación orientada» es una forma de meditar sin esfuerzo siguiendo unas instrucciones detalladas y paso a paso. Las palabras que aparecen en las páginas te ayudarán a lo largo de todo el proceso, a cada momento. No es necesaria ninguna habilidad, talento, capacidad, experiencia, esfuerzo, formación, preparación o práctica. No hay necesidad de que tortures a tu cuerpo adoptando una postura estrambótica, que te esfuerces por mantener tu columna vertebral rígida, que expulses de ti ciertos pensamientos, que pongas tu mente en blanco, «que vigiles tu respiración» o que te esfuerces por concentrarte.

La meditación orientada es un «programa en el que no tienes que hacer nada»: no tienes que hacer nada, nada en absoluto. Cuanto menos hagas, mejor será tu experiencia. Simplemente sigue las sencillas indicaciones. ¡Es así de fácil!

¿QUÉ ES LA «VISUALIZACIÓN»?

Mientras practicas la meditación orientada, imaginarás, de forma natural, en tu mente, lo que se está describiendo. Incluso aunque no puedas «visualizar», eso no impedirá tu éxito. La visualización puede resultar complicada si te esfuerzas por concentrarte en generar imágenes mentales. Sin embargo, seguir las sencillas indicaciones que aparecen en este libro no requiere de eso. Te conduce hacia la meditación de forma automática.

¿QUÉ ES LA «AFIRMACIÓN POSITIVA»?

Las «afirmaciones positivas» son meditaciones habladas, verbalizadas en voz alta: afirmaciones y decretos poderosos que mejoran tu perspectiva al instante. Pueden eliminar bloqueos, limpiar tu camino y dar lugar a resultados positivos para ti mismo, tu entorno y el mundo.

En el primer verso del *Dhammapada* (el escrito budista esencial), Buda dice: «Todo lo que somos es resultado de lo que hemos pensado: se basa en nuestros pensamientos, está formado por nuestros pensamientos. Si una persona habla o actúa con un pensamiento malvado, el dolor la seguirá… Si una persona habla o actúa con un pensamiento puro, la felicidad la seguirá». Este verso afirma que tú creas tu propio destino principalmente a través de tus pensamientos, pero también mediante lo que dices y tus acciones.

Un conocido dicho antiguo de la India dice: «Yad bhavam tad bhavati» («Polvo piensas, polvo eres. Dios piensas, Dios eres»). En otras palabras: *te conviertes en lo que piensas.*

Aunque pueda resultar difícil controlar tus pensamientos aleatorios, puedes controlar fácilmente tus palabras y actos. Si, por ejemplo, dices constantemente: «Soy tan pobre, tengo tanto sobrepeso, soy tan infeliz, me encuentro tan enfermo, etc.», entonces se materializarán estos resultados. Si, por el contrario, dices frecuentemente: «Soy rico, estoy en mi peso perfecto, soy feliz, tengo una salud perfecta, etc.», entonces estos resultados se pondrán de manifiesto.

El maestro Jesús dice: «Lo que contamina a una persona no es lo que entra por su boca, sino lo que sale de ella». Para convertirte en el capitán consciente de tu barco del destino, ten presentes tus palabras. Recita conscientemente palabras e implícate en acciones que respalden tus objetivos. Las afirmaciones positivas pueden ser tu mejor aliado.

Algunas afirmaciones positivas que aparecen en este libro ponen de manifiesto resultados ideales que puede que parezcan imposibles, pero con el Espíritu nada es imposible. Cada pensamiento, palabra y acto contribuyen tanto a la prosperidad personal como a la planetaria. Tienes más poder del que nunca hubieras podido llegar a imaginar.

¿QUÉ ES UN «MANTRA»?

Generalmente, el término «mantra» hace referencia a potentes palabras en sánscrito que producen efectos beneficiosos. Los mantras son, simplemente, afirmaciones positivas y pueden ser en cualquier idioma. Es esencial pronunciar los mantras en sánscrito correctamente, ya sea mental o verbalmente. Por lo tanto, en este libro he proporcionado referencias en Internet en las que puedes oírlos. Siempre que se disponga de traducciones, puedes recitarlos en sánscrito o en tu idioma.

EL PODER DEL DISCURSO AUDIBLE

Recitar afirmaciones positivas y mantras de forma audible con un tono de voz alto y lleno de confianza aporta el mayor impacto y potencia posibles para materializar tus objetivos en carne y hueso. Si no puedes recitarlos en voz alta, simplemente susúrralos tranquilamente. Las afirmaciones positivas y los mantras funcionan siempre. Provocan una sanación instantánea que hace que avances hacia tu objetivo. Emplealos varias veces al día hasta que alcances tu meta y nunca, nunca y nunca te rindas.

Cuando recites afirmaciones positivas para tu familia, amigos, clientes, mascotas u otros, simplemente reemplaza las palabras «yo» o «yo mismo» por su nombre. Asegúrate de pedirles permiso antes. Respeta siempre su libre elección y no la violes.

Tu Yo superior es la poderosa presencia del «YO SOY», que tiene un poder ilimitado. Tus palabras son más eficaces con un tono de voz dominante y autoritario, como si tu Yo superior estuviese hablando a través de ti. Confía en que el Espíritu está trabajando, poniendo de manifiesto el resultado que deseas.

PREPARÁNDOTE PARA MEDITAR

Para iniciar la práctica de la meditación orientada, primero prepárate con algunos breves pasos. Aquí tenemos cómo:

1. Graba la meditación.

Puedes practicar las meditaciones que aparecen en este libro simplemente leyéndolas, pero en condiciones ideales es preferible grabar las palabras de cada meditación en un dispositivo electrónico como un teléfono, una tableta o un ordenador. Luego siéntate cómodamente en una silla confortable, reproduce la grabación y escúchala con los ojos cerrados. Tu propia voz te guiará para que entres en la meditación.

Aquí tenemos instrucciones para grabar las meditaciones:
Ve a la página 27 y sigue las instrucciones para grabar la primera meditación, titulada «Viaje hacia el infinito». Recita las palabras en un tono de voz suave, lento, dulce y relajante. Puede que te sorprendas de lo relajante que puede resultar tu voz ralentizando el ritmo y bajando el volumen.
Los puntos suspensivos (…) en el texto indican una pausa durante la meditación. En estos casos graba unos segundos de silencio.

Cuando el texto te indique que repitas afirmaciones positivas y luego veas puntos suspensivos, graba suficiente tiempo de silencio para repetir esas afirmaciones positivas. Las instrucciones que aparezcan entre corchetes ([ ]) indican segundos o minutos concretos de silencio.

2. Tómate una pausa para ir al lavabo.

Usa el baño antes de practicar las meditaciones más largas que aparecen en este libro. Si es posible, es mejor no interrumpir una meditación, pero si necesitas una pausa para ir al lavabo, detén la reproducción, ve y luego regresa a la meditación. «Aguantarse las ganas» no propicia la meditación profunda.

3. Encuentra un lugar cómodo y tranquilo en el que sentarte.

Antes de meditar, apaga el televisor, el ordenador y silencia los teléfonos que se encuentren al alcance de tu oído. Deja a tus mascotas en un zona distinta a aquélla en la que te encuentres. Diles a tus hijos que necesitas un rato de tranquilidad. En caso necesario, coloca un letrero de «No molestar» en tu puerta.

Siéntate en una silla cómoda, o en una cama o una alfombra con unos almohadones que aporten apoyo a tu espalda. La comodidad es la característica más importante de la meditación profunda y relajante. Sentarte sin un soporte en la espalda no fomenta la comodidad ni la relajación.

No te tumbes para meditar. Es mejor estar cómodamente sentado, ya que tumbarte puede hacer que te acabes durmiendo.

4. Bebe algo de agua.

Bebe agua (no un refresco, ni café, ni té) a temperatura ambiente hasta que te sientas completamente hidratado. Ten una botella o un vaso con agua cerca. Sí, está bien beber agua durante la meditación siempre que lo necesites. También está bien que tengas una mala postura, que desplaces el peso de tu cuerpo, que te rasques, que eructes, emitas ventosidades y te impliques en otros procesos naturales. Estar sentado tieso como una tabla mientras sientes picor o dolor no fomentará una meditación profunda.

5. Empieza a reproducir la grabación y sigue las instrucciones.

Reproduce la grabación a un volumen bajo, cierra los ojos y escucha tu propia voz orientándote hacia la meditación. Durante la mayoría de las meditaciones, respirarás hondo. Cada vez que se te diga que respires hondo, hazlo sólo una vez, y no varias, y no hiperventiles. Cuando se te solicite que respires con normalidad, simplemente relájate y respira tranquilamente. No sigas respirando hondo a lo largo de la meditación.

Este libro está escrito en un orden concreto para ayudarte a desarrollar autoestima y a atraer la prosperidad en cada área de tu vida. Por lo tanto, practicar los métodos en el orden en el que aparecen escritos es ideal. Sin embargo, también puedes centrarte en asuntos concretos que te llamen la atención. Por lo tanto, todos los métodos, incluyendo los números de las páginas, aparecen listados en el Apéndice, al final del libro.

PRIMERA PARTE

PENSAMIENTO
ILIMITADO

CAPÍTULO 1

El dinero va allá donde es bienvenido

«El capital va allá donde es bienvenido y se queda donde le tratan bien».

WALTER B. WRISTON,
antiguo director ejecutivo de Citibank

Dinero. ¡Qué enorme carga emocional está relacionada con esta palabra! ¿Por qué el dinero motiva a la gente y hace que se vuelva un poco loca? Nos han lavado el cerebro para que creamos que el dinero es el mal, pero ¿es algo malo llevar comida a tu mesa, vestirte, pagar el alquiler o la hipoteca y liquidar tus deudas?

No hay nada inherentemente malo con respecto al dinero. Se trata, simplemente, de una forma de intercambiar bienes, servicios y energía. A veces, la conducta humana puede ser malvada, pero eso no es culpa del dinero. El dinero carece de brazos y piernas que cometan actos crueles. Por lo tanto, ¿por qué echarle la culpa al dinero de las malas conductas humanas?

Lo cierto es que el dinero es poder: el poder de ser eficaz en el mundo y satisfacer tus aspiraciones más elevadas. No hay nada malo en usar el dinero para hacer el bien. El dinero no es obra del mal.

Este libro es una guía para una mayor abundancia en cada área: material, económica, física, mental, emocional, espiritual, medioambiental, global, universal y de otras formas que quizás no hayas imaginado. Puede ayudarte a adquirir «consciencia sobre la prosperidad». ¿Qué es eso?

La consciencia de la prosperidad es una convicción subconsciente intrínseca de que mereces ser rico, estar sano, que te cuiden, que te veas abastecido generosamente, y ser extremada y apasionadamente feliz. La verdadera abundancia es una alegría, plenitud, felicidad, integridad y repleción infinitas.

El amor es la llave que abre la consciencia de la prosperidad. El amor es la energía motivadora primordial que crea y sostiene al universo: el pegamento que mantiene el cosmos unido y que provoca la evolución y el cambio. Abre el corazón y atrae a la abundancia.

La forma más poderosa y potente de amor es el amor divino, que te hace prosperar y te bendice a cada momento que pasa. El amor divino y la abundancia van de la mano el uno con el otro.

El prerrequisito más vital para la abundancia es que te quieras y te preocupes por ti. Si odias el dinero, probablemente no te querrás a ti mismo. Alejarás el dinero de ti y pasarás penurias económicas. Abrir tu corazón al amor por ti mismo puede abrir el almacén de las riquezas infinitas. Ese cofre del tesoro consiste en la creatividad, la inteligencia y el poder infinitos, y su fuente es el amor ilimitado.

Despréndete de las ideas antiguas sobre la prosperidad. Da la bienvenida a la riqueza en su esencia como energía divina, subyacente y generadora del universo. Esta sustancia exquisita trae consigo amor, felicidad, salud, bienestar, poder y sabiduría. Es buena, muy buena. Es la perfección.

Cualquiera puede acceder a esta fuente eterna de energía infinitamente circulante, que se repone a sí misma y que mana incesantemente. Es tuya si la quieres. Sumerge tu mente en este manantial, toma el néctar celestial y recurre a la sustancia divina día tras día. La autoestima es la clave que lo atrae a tu vida.

¿PUEDE LA MEDITACIÓN HACERTE PRÓSPERO?

La meditación no se relaciona generalmente con la prosperidad. La meditación se considera una práctica espiritual y, por lo tanto, se estima contraria a la riqueza. Evoca visiones de monjes, monjas y yoguis que hacen voto de pobreza y viven en cuevas o en la cima de una montaña. Los valores puritanos defienden que la pobreza es una virtud sagrada y que la riqueza es un azote detestable que infecta a aquellos que lo poseen. Se cree que las personas espirituales deben ser humildes, sumisas y pobres más que poderosas y exitosas.

La versión de la Biblia del rey Jacobo sobre la prosperidad afirma: «El dinero es la raíz de todo el mal; es más fácil que un camello pase a través del ojo de una aguja que un rico entre en el reino de Dios; y bienaventurados los pobres de espíritu, ya que de ellos es el reino de los cielos». Con estos mensajes tan profundamente arraigados en nuestra consciencia colectiva, no es de extrañar que la pobreza sea ubicua.

¿Es la voluntad de Dios que la gente sufra privaciones? ¿Hay algo sagrado en las adversidades? Creo que la posesión de riqueza o su carencia no determina tu grado de virtud ni tu nivel de consciencia.

Tanto si es provocado por la envidia como por el desdén farisaico, los pobres suelen despreciar a los ricos y detestan el dinero. Se sienten castigados injustamente mientras los pocos elegidos se ven recompensados con la mejor parte de la riqueza. Sin embargo, lo cierto es que no hay un señor kármico en el cielo dispensando privilegios a la élite. Tu suerte en la vida viene determinada sólo por tus decisiones en la vida: decisiones que conducen a la riqueza, la pobreza o algo intermedio.

Para atraer la riqueza, primero abandona la idea de que las personas espirituales deben ser pobres. Abandona todo odio por el dinero. En lugar de ello, acoge, acepta y ama el dinero. Despréndete de los celos por los ricos y averigua qué grifo abrir para hacer uso de un flujo ilimitado de opulencia.

Mediante la práctica de los métodos que aparecen en este libro, puedes recurrir a la fuente de la prosperidad, incrementar tu amor propio y tu autoestima, eliminar las convicciones erróneas, atraer la abundancia y desarrollar una actitud nueva, original y empoderadora con respecto al dinero.

Tienes el poder de generar opulencia en todas las áreas de tu vida. El Todopoderoso te está esperando para que te abras a las riquezas ilimitadas del cielo que ya son tuyas. Simplemente tienes que aceptar y recibir tu derecho de nacimiento de una abundancia ilimitada.

¿Ayuda la pobreza a las personas espirituales a alcanzar sus aspiraciones loables e idealistas? ¿Qué harías para sanar al planeta si tuvieses unos recursos ilimitados a tu disposición? ¿Sería el mundo un lugar mejor si la gente como tú, que busca hacer el bien, pudiese tener acceso a una riqueza ilimitada?

Si dices que sí, entonces este libro puede ayudarte a poner de manifiesto tus sueños más queridos mediante sus métodos de alquimia mental, que pueden cambiar tu forma de pensar y, a su vez, transformar tu vida y beneficiar al planeta.

No hacer ningún cambio no da lugar a ningún resultado. Hacer cambios que agudicen tu concentración para atraer una mayor abundancia puede traer consigo unos resultados espectaculares si tus intenciones son claras y tu corazón es sincero. Ahora ha llegado el momento de actuar. Usa este libro para dar entrada a un nuevo amanecer de la opulencia. Da la bienvenida a un poderoso cambio en tu consciencia que dará como resultado un futuro más feliz, sano y próspero.

Ahora, empecemos.

CAPÍTULO 2

Conciencia próspera

«La riqueza es la capacidad de experimentar plenamente la vida».

HENRY DAVID THOREAU

En este capítulo practicarás métodos que pueden expandir tu percepción y comprensión de la verdad. Con una consciencia y una visión ilimitadas, tu conciencia subyacente, tu actitud imperecedera y tu experiencia en desarrollo consisten en sentir, ver y vivir una vida sin limitaciones. Ésa es la consciencia de la prosperidad.

EL VIAJE HACIA EL INFINITO

Cuando experimentas la infinidad de forma regular, surgen infinitas oportunidades. Con una consciencia ilimitada, puedes poner de manifiesto la vida sin límites en cada área: material, física, mental, emocional y espiritual. Para iniciar este viaje, practica esta meditación y sigue usándola regularmente.

Empezando por el siguiente párrafo, graba estas palabras en tu dispositivo en un tono de voz suave, lento y dulce. Luego siéntate cómodamente en tu silla favorita, inicia la reproducción a un volumen bajo y sigue las instrucciones.

Si lo estás escuchando en forma de una grabación, cierra los ojos y mantenlos cerrados a lo largo de toda la meditación hasta que te diga que los abras.

Paz, paz, quédate tranquilo. Quédate tranquilo y estate en paz. Paz perfecta, paz perfecta, paz perfecta, paz perfecta. Quédate tranquilo y estate en paz… Relájate, relájate, déjate ir. Relájate, déjate ir y estate en paz… Haz una respiración profunda de relajación. Inspira… y espira… Relájate y quédate tranquilo… Haz una respiración profunda de luz divina. Inspira… y espira… Relájate hacia el interior de la luz… Haz una respiración honda de plenitud infinita. Inspira… y espira… Relájate hacia el interior de la unicidad perfecta… Haz una gran respiración honda para profundizar más. Inspira… y espira… Ahora relájate y respira con normalidad.

A mayor profundidad, mayor profundidad, mayor profundidad hacia el interior de los pozos del Espíritu, hacia el interior del silencio del ser. Paz, paz, quédate tranquilo… Quédate tranquilo y estate en paz… Permite que tu mente y tu corazón se desprendan de toda tensión, estrés y presión… Asiéntate en el Espíritu… Haz una gran respiración profunda y déjate ir. Inspira… y espira… Ahora relájate y respira con normalidad… Relajado, relajado, relajado. Relajado y sin esfuerzo… Déjate ir, déjate ir, déjate ir, déjate ir, déjate ir, déjate ir, deja que Dios entre… Haz otra respiración honda y profundiza más. Inspira… y espira… Ahora respira con normalidad mientras te relajas y déjate ir.

Ahora dirige tu atención hacia tu interior. Da un giro de ciento ochenta grados para alejarte del mundo exterior y para entrar en el mundo interior… Ahora estás profundizando, profundizando en tu interior, en el reino del espacio interior, donde hay una paz y una relajación profundas… Relájate hacia el interior de la presencia del ser… Relájate hacia el interior del corazón del ser… Relájate hacia el interior de la quietud del ser… Paz, paz, quédate tranquilo… Paz, paz, dulce paz… Quédate tranquilo y estate en paz…

Tu cuerpo se está ahora volviendo muy relajado y en paz… Ahora empieza a relajar cada músculo de tu cuerpo… Empieza relajando tu frente… Relaja tus cejas… Relaja el espacio entre tus cejas… Relaja tus ojos… Relaja tus sienes… Relaja tus mejillas…, tu mandíbula…, tu cuello… y tus hombros…

Ahora relaja tus brazos…, tus antebrazos…, tus muñecas…, tus manos… y tus dedos… Relaja tu pecho…, la parte superior de tu espalda… la parte inferior de tu espalda…, tus nalgas…, tu zona pélvica… Relaja tus muslos…, tus rodillas…, tus pantorrillas… y tus pies…

Ahora relaja tus ojos…, tus cejas…, el espacio entre tus cejas…, tus sienes…, tus mejillas… y tu mandíbula… Relaja tus hombros…, tu pecho… y deja ir a tu estómago… Relaja todo tu cuerpo… y estate en paz…

Ahora haz una gran respiración honda y profundiza más. Inspira… y espira… Ahora relájate y respira con normalidad… Déjate ir, déjate ir, déjate ir, déjate ir, déjate ir, déjate ir, deja que Dios entre… Haz otra respiración honda y profundiza más. Inspira… y espira… Ahora respira con normalidad, relájate y déjate ir.

Todo tu cuerpo se asienta ahora en una relajación y paz profundas… Permite que tu cuerpo se deje ir por completo… Tu cuerpo se encuentra en un estado de profunda relajación, paz, comodidad y quietud… Tu ritmo cardíaco se está volviendo más pausado… Tu ritmo respiratorio se está ralentizando… Tu cuerpo está tan profundamente relajado que parece como si no estuvieses respirando en absoluto…, como si no estuvieses ni respirando ni no respirando… Estás completamente en paz y tu respiración se vuelve prácticamente imperceptible…

Ahora haz una gran respiración honda y profundiza más. Inspira… y espira… Paz, paz, quédate tranquilo… Quédate tranquilo y estate en paz… Ahora, una vez más, inspira… y espira… Luego relájate y respira con normalidad. Déjate ir, déjate ir, déjate ir, déjate ir, déjate ir, déjate ir, deja que Dios entre…

Ahora imagina que mientras tu cuerpo se asienta, también lo hace tu mente. Tu mente se asienta hacia una profunda relajación y paz… Tu mente está en reposo y completamente relajada… Tu mente está ahora tranquila y relajada, como un estanque calmo sin ni una onda…

Tu mente está tranquila, calmada y en paz… Sólo hay quietud, serenidad y tranquilidad en tu mente…

Ahora haz una gran respiración honda y profundiza más. Inspira… y espira… Ahora relájate y respira con normalidad… Paz, paz, quédate tranquilo… Quédate tranquilo y estate en paz… Paz perfecta, paz perfecta, dulce paz… Quédate tranquilo y estate en paz… Haz otra gran respiración honda y profundiza más. Inspira… y espira… Ahora relájate y respira con normalidad.

Mientras tu mente y tu cuerpo se asientan, entras en un estado meditativo más profundo… Ahora invoca al Espíritu y pide ser llevado más allá del tiempo, el espacio y la causalidad… Ahora entra en una conciencia ilimitada de pura consciencia… Permite que tu mente vaya más allá de este mundo material y trasciende hacia el interior del *samadhi,* que es la quietud del cuerpo y la tranquilidad de la mente perfectas… Ahora haz una respiración honda y profundiza más. Inspira… y espira… Ahora respira con normalidad, relájate, déjate ir y ríndete…

En este estado de profunda serenidad, siente cómo tu conciencia se eleva, se eleva, se eleva, se eleva, se eleva y se eleva. Tu mente se está expandiendo más allá de todos los límites y entras en un reino de absoluta quietud, profunda relajación, perfecta paz, plenitud y unicidad… Tu mente ya no está confinada en este cuerpo… Ahora trasciendes más allá de todas las limitaciones… Permítete entrar en un estado de profundo silencio y honda paz, amplio como un cielo sin nubes… Ríndete a la presencia divina… Abraza las esplendorosas maravillas y la belleza del Espíritu…

Ahora haz una gran respiración honda y profundiza incluso más. Inspira… y espira… Ahora relájate y respira con normalidad… Ahora te encuentras en un estado de profunda paz e intensa relajación… Tu mente se encuentra en una absoluta plenitud, unicidad y felicidad… Ahora no hay nada sino un profundo silencio… sin limitaciones… Sólo hay una existencia, unicidad y alegría absoluta ilimitadas, infinitas y no manifiestas… Te encuentras en paz, te ves elevado y eres la perfección absoluta… No hay nada sino dicha y éxtasis en tu interior y a todo tu alrededor…

Ahora tómate unos momentos para disfrutar de este estado de relajación profunda y perfección… [Graba 30 segundos de silencio aquí].

Paz, paz, quédate tranquilo… Quédate tranquilo y estate en paz… Paz perfecta, paz perfecta, paz perfecta… Quédate tranquilo y estate en paz…

Ahora ha llegado el momento de salir de la meditación. Mantén los ojos cerrados hasta que te diga que los abras. Con gratitud en tu corazón, empieza ahora a salir de esta meditación espirando aire fuertemente por la boca como si estuvieses soplando unas velas. Ahora sopla y apaga la primera vela mientras regresas del nivel del Espíritu al nivel de la mente… Tu mente ha estado permanentemente elevada y ha sido sanada por esta meditación. Tu mente está ahora sintonizada con lo divino y con una consciencia superior.

Ahora sopla y apaga una segunda vela mientras sigues teniendo los ojos cerrados… Vuélvete consciente de tu cuerpo… Nota la sensación de tus pies sobre el suelo y la comodidad en tu cuerpo. Tu cuerpo se ha visto transformado permanentemente y sanado por esta meditación. Tu cuerpo está ahora lleno de energía, una buena salud y bienestar.

Ahora sopla y apaga una tercera vela y sigue manteniendo los ojos cerrados… Nota la silla sobre la que estás sentado y la temperatura de la habitación… Siente el aire sobre tu rostro… Percibe cualquier sonido a tu alrededor… Vuélvete consciente de tu entorno… Ahora estás poniendo de manifiesto abundante amor, luz y energía procedentes de esta meditación. Ahora estás bendiciendo a tu entorno con una paz, alegría y felicidad infinitas.

Ahora sopla y apaga por lo menos cuatro velas más mientras te inclinas ligeramente hacia adelante en tu silla… [Graba 15 segundos de silencio aquí]. Luego recorre todo el camino de vuelta hacia el equilibrio interior y exterior y abre los ojos. Si no te apetece abrir los ojos, sopla y apaga más velas primero y luego abre los ojos… [Graba 10 segundos de silencio aquí]. Con los ojos abiertos, repite la siguiente afirmación positiva después de mí:

ESTOY atento… ESTOY muy atento… ESTOY despierto…
ESTOY muy despierto… ESTOY equilibrado interior y
exteriormente… OSTENTO el control… SOY la única
autoridad en mi vida… ESTOY protegido divinamente… por la
luz de mi ser… Gracias, Dios, y ASÍ ES.

TODO ES POSIBLE

Lo que parecen logros imposibles pueden conseguirse con el Espíritu como tu aliado. Tu vida puede verse bendecida con milagros cuando solicitas ayuda divina. Recita esta afirmación positiva de forma audible con fortaleza, confianza y convicción.

El Espíritu es la fuente de todo lo que hay.
No hay nada que no sea Espíritu.
No hay nadie que no sea Espíritu.
No hay ningún lugar que no se encuentre donde está el Espíritu.
El Espíritu es bendiciones sin fin y un potencial infinito.
El Espíritu es el bien infinito y la sustancia ilimitada.
El flujo continuo de bien del Espíritu fluye hacia mis manos
*   procedente de fuentes esperadas e inesperadas.*
El Espíritu es mi fuente y suministro opulento constante.
Cada día contiene la promesa de nuevos logros.
Cada día es la nueva oportunidad del Espíritu.
Ayer ha pasado y ha acabado.
Hoy es un nuevo día de bendiciones divinas.
Bendigo y libero todos los anteriores canales de mi bien,
ya que mi aceptación está siempre abierta a mi nueva y mayor
*   felicidad.*
Cada día es un mundo siempre nuevo y magnífico
*   de inagotables posibilidades, maravillas y milagros.*
Camino en el círculo encantado del amor divino.
Todo lo que deseo me desea.
Cada momento es un milagro.
Todo es perfecto, al igual que lo es todo lo demás.
Con Dios, todo es posible.
Gracias, Dios, y ASÍ ES.

AFIRMACIÓN POSITIVA PARA LA SATISFACCIÓN ABUNDANTE

Esta poderosa afirmación positiva puede ayudarte a experimentar la plenitud en tu vida cotidiana. Cuando eres pleno, sientes la abundancia absoluta en tu interior y no necesitas nada más para que te complete. Recita esta afirmación positiva en voz alta y con confianza.

Todo lo que el Espíritu es, YO LO SOY. Todo lo que YO SOY,
lo es el Espíritu.
El Espíritu está en mi mente, el Espíritu está en mi corazón.
El Espíritu está en mi alma, el Espíritu es mi fuerza hoy,
es el que está siempre conmigo.
Mi cuerpo es el cuerpo de Dios. Mis células son las células de Dios.
Mi mente es la mente de Dios. Mi corazón es el corazón de Dios.
Mi alma es el alma de Dios. Mi ser es el ser de Dios.
Mi copa rebosa de amor divino.
La luz de Dios me llena y me rodea.
ESTOY tan lleno de la presencia divina que
nada más puede entrar en mi existencia divina.
ESTOY lleno del amor de Dios, de la fortaleza de Dios,
el poder de Dios, la energía de Dios y la voluntad de Dios.
Mi aura y mi cuerpo de luz
son ahora invencibles e impenetrables.
Gracias, Dios, y ASÍ ES.

AFIRMACIÓN POSITIVA PARA LA REALIZACIÓN SUPREMA

Hasta ahora puede que te hayas mantenido preso en una pequeña caja del ego con unas barreras limitadas y rígidas. Puede que te identificaras con tu nombre, sexo, nacionalidad, ocupación, religión, estado civil, cuenta bancaria, salud, hogar, aficiones, etc., pero tu verdadero yo está libre de estas barreras. Surgen posibilidades ilimitadas cuando pintas tu vida en un lienzo infinito.

Esta afirmación positiva tradicional de la India puede ayudarte a darte cuenta de quién eres realmente. Pronúnciala de forma audible en un tono de voz claro y con convicción.

SOY Ese absoluto ilimitado e infinito.
Eres Ese absoluto ilimitado e infinito.
Todo esto es Ese absoluto ilimitado e infinito.
Eso sólo es.

MANTRA PARA LA PLENITUD

El mantra para la plenitud procede de unas antiguas escrituras indias, la *Ishavasya Upanishad*. Cuando experimentes su verdadero significado nunca tendrás necesidad de nada. Esta afirmación positiva suprema de completitud y plenitud constantes e infinitas es el paradigma de la consciencia de la prosperidad.

Aprende a pronunciar el mantra escuchándolo *online*. Visita el canal Shemaroo Bhakti en YouTube y busca «Poornamadah Poornamidam Sloka». Luego repite el mantra en voz alta y con un tono de voz claro.

Poornam adah poornam idam
Poorna aat poornam udachyate
Poorna asya poornam aadaaya
Poornam evaa vashishyate
Om shaantih shaantih shaantih

Aquí tenemos una traducción del mantra:
Ese mundo exterior está lleno de consciencia divina. Este mundo interior está también lleno de consciencia divina. De la plenitud de la consciencia divina procede la plenitud que subyace a la creación manifiesta. Apartando esta plenitud de esa plenitud, la plenitud, ciertamente, permanece. Om paz, paz, paz.

CAPÍTULO 3

Empoderamiento próspero

«El dinero no es más que una herramienta. Te llevará allá donde desees, pero no te reemplazará como conductor».

AYN RAND

El mundo es tal y como tú eres. Lo similar atrae a lo similar. Cuando te sientes autoempoderado, irradias confianza en ti mismo y asertividad. Los métodos que aparecen en este capítulo pueden incrementar el que seas dueño de ti mismo y que así puedas desarrollar el tipo de campo de energía que atrae a la prosperidad.

AFIRMACIÓN POSITIVA PARA EL AUTOEMPODERAMIENTO

Siempre que la gente negativa, los parásitos de la energía y las energías del entorno o una vibración baja te vacíen de energía, repite esta poderosa afirmación positiva en voz alta varias veces al día con fortaleza y confianza. Observa lo rápidamente que tu vida puede transformarse para mejor.

OSTENTO el control.
SOY uno con el Espíritu.
SOY la única autoridad en mi vida.
ESTOY divinamente protegido por la luz de mi ser.
ESTOY espiritualmente empoderado.
Nada ni nadie puede apagarme.
No necesito nada ni a nadie para que me complete.
SOY feliz y estoy completo en mi interior.
Cierro mi aura y mi cuerpo de luz
a los niveles astrales inferiores de mi mente,
y me abro al reino espiritual,
a esferas de una consciencia superior,
y a seres divinos de amor y luz.
Gracias, Dios, y ASÍ ES.

AFIRMACIÓN POSITIVA PARA LA FORTALEZA INTERIOR

Eres un ser de luz todopoderoso. Tienes más poder del que nunca hubieras podido imaginar. Has creado tu propio destino y, por lo tanto, tienes el poder para cambiarlo. Recita estas palabras en voz alta, con confianza y convicción, para afirmar tu soberanía.

SOY la fuerza que Dios es.
Las adversidades de la vida pueden ir y venir,
pero ESTOY anclado en el Espíritu.
SOY un ser de luz poderoso y soberano.
SOY firme y siempre auténtico.
Nada puede afligir a mi ser inexpugnable.
El poder infinito de Dios se eleva a través de mí,
otorgándome fuerza física, mental y espiritual.
ESTOY a salvo en la presencia sagrada de Dios.
Respeto la esencia del amor y la luz de Dios.

Mi corazón late en unicidad con Dios.
ESTOY en paz.
Gracias, Dios, y ASÍ ES.

EL DECRETO KEDUSHAH

Kedushah («la santidad de Dios») es un poderoso decreto bíblico he-
breo para invocar la plenitud y la realización. Puede aportar autoempoderamiento, protección divina, una frecuencia superior, elevación
espiritual, comunicación divina, tranquilidad mental y la satisfacción
de los deseos. Recita este decreto de forma audible por lo menos tres
veces. Para pronunciar correctamente la versión hebrea, acude a www.
invubu.com y busca «Kedushah por Misha Goetz».

> *Sagrado, Sagrado, Sagrado es el Señor de las multitudes:*
> *toda la Tierra está llena de tu gloria.*

> *Kadosh Kadosh Kadosh Adonai Tz'vaot M'lo Khol Ha'aretz K'vodo*

Mientras cantas *Kadosh, Kadosh, Kadosh,* eleva tu conciencia más
allá de las percepciones mundanas, hacia el reino espiritual. Mientras
cantas *Adonai Tz'vaot,* siente vibraciones sagradas radiando hacia abajo
desde tu chakra de la coronilla, impregnando tu cuerpo de paz y amor.
Mientras cantas *M'lo Khol Ha'aretz K'vodo,* abre tu corazón, tu tercer
ojo y tu visión mística para percibir la presencia divina dentro de todo
y por doquier.

YO CREO MI REALIDAD

Tú creas tu destino, momento a momento, a través de cada pensamiento, palabra y acto. Emplea esta afirmación positiva para revertir
condiciones no deseables y adversas. Para elevar tu vibración instantáneamente desde la negación hasta la inspiración, pronúnciala en voz
alta en un tono lleno de confianza y con convicción.

SOY el autor de mi destino.
Mis pensamientos, palabras y actos determinan mi futuro.
Por lo tanto, tengo el poder de cambiar mi destino.
SOY mi regulador de pensamientos divino permanente.
Cuando cambio mis pensamientos, cambio mi vida.

ESTOY fusionado, unido y soy uno con mi presencia divina.
SOY un portador de luz radiante.
Vivo en el corazón de Dios. Habito en la casa del Señor.
SOY Dios en acción. SOY Dios en actividad.
SOY el filántropo de Dios. SOY el embajador de Dios.
SOY paz y armonía. Soy una creatividad infinita.
SOY una belleza infinita. Soy amor y luz infinitos.

Todo es perfecto, y todo lo demás también lo es.
SOY la expresión divina de la perfección.
SOY la perfección presente por doquier.
SOY la perfección por doquier ahora.
SOY la perfección aquí y ahora.
Ahora bendigo a todos y a todo,
*   y a cada situación en mi vida*
*   como buena, buena y muy buena.*
Reclamo mi perfección buena, muy buena, ahora.

El bien ilimitado del universo
*   se manifiesta ahora en mi mente, mi cuerpo y mis asuntos.*
No hay límite para mi bien.
Mi bien está a mi alcance. Ahora bendigo toda la vida,
*   y toda la vida me bendice a mí ahora.*
ESTOY divinamente bendecido e inspirado.
SOY infinitamente amado y querido.
SOY amado inconmensurablemente.
Gracias, Dios, por tu presencia perfecta,
*   en mí, a través de mí y en forma de mí, como toda creación.*

Gracias, Dios, por este precioso momento,
  y por cada momento precioso.
Cada momento es un milagro.
Gracias, Dios, y ASÍ ES.

AUTODETERMINACIÓN PRÓSPERA

Estos mantras de autodeterminación pueden incrementar tu confianza en la creación de la vida de tus sueños. Pronúncialos frecuentemente en un tono de voz potente y audible y con convicción.

ESTOY al cargo de mi destino.
SOY el capitán de mi barco.
Viro hacia mi mayor bien.
Tengo el poder de cambiar de rumbo en cualquier momento.
Nadie más que yo crea mi destino.
Ningún augurio malo ni bueno determina mi futuro.

SOY totalmente responsable de mi destino.
No le doy poder alguno a nada ni nadie fuera de mí
  para que cree ninguna experiencia negativa para mí.
No SOY una víctima. SOY un voluntario.
No me sucede nada malo nunca. Sólo yo me sucedo a mí mismo.
Ninguna persona, lugar o circunstancia puede poseerme,
  tenerme encadenado o atado,
  o evitar que mi buena fortuna acuda a mí.
Sólo le pertenezco a Dios y a mí mismo.

A través del poder del libre albedrío,
  tomo ahora mis propias decisiones conscientemente.
Ahora aprovecho conscientemente mis propias oportunidades.
Ahora escribo mi propio guion conscientemente.
Ahora pongo de manifiesto mi propio bien conscientemente.
Ahora creo mi propio destino, mi propio sino,
  mi propio futuro y mi propia vida.

No hay nada fuera de mi alcance.
Si alguien puede conseguirlo, soy yo.
Si alguien puede hacerlo, soy yo.
Si alguien puede serlo, soy yo.
A través de mi fe en Dios, todo es posible.
Gracias, Dios, y ASÍ ES.

MEDITACIÓN PARA LA VERDADERA EXPRESIÓN PERSONAL

Mucha gente cree, erróneamente, que, para tener éxito, debe esconder su verdadera naturaleza. Esta meditación puede ayudarte a expresar tu yo genuino, autentico y creativo. Graba estas palabras en tu dispositivo. Luego siéntate cómodamente en tu silla favorita, inicia la reproducción a volumen bajo y sigue las instrucciones.

Si estás escuchando esto en forma de grabación, cierra ahora los ojos y mantenlos cerrados a lo largo de la meditación hasta que te diga que los abras.

Paz, paz, quédate tranquilo… Quédate tranquilo y estate en paz… Paz perfecta, paz perfecta, paz perfecta… Quédate tranquilo y estate en paz… Haz una respiración profunda de relajación. Inspira… y espira… Haz una gran respiración honda de autoexpresión auténtica… Inspira… y espira… Ahora relájate y respira con normalidad.

Ahora déjate ir, déjate ir, déjate ir, deja que Dios entre. Despréndete de toda culpabilidad y vergüenza… Perdónate ahora por esconderte detrás de una máscara… Ya no necesitas intentar impresionar a nadie, intentar encajar o intentar actuar de forma «normal». Ya no necesitas estar a la altura de normas imposibles ni ser algo que no eres…

Ahora haz una gran respiración profunda y, mientras espiras, déjate ir por completo de toda falsa excusa. Inspira… y espira… Permite que se disuelva en la nada, que es lo que de verdad es. Inspira… y espira… Ahora respira hondo de nuevo y despréndete de toda insinceridad. Inspira… y espira… Ahora respira con normalidad.

Repite la siguiente afirmación positiva después de mí:

SOY una idea divina… en la mente de Dios… SOY el que SOY… mi verdadero Yo… Mi Yo genuino… es perfecto exactamente tal y como es… Yo SOY el que SOY… perfecto de todas las formas… Me gusto… Me quiero… Me acepto… Me expreso con audacia… exactamente tal y como SOY…, ya que SOY la perfección de Dios… en forma humana…, SOY perfecto para mí por ahora…

Ahora sabes y aceptas que tus creencias, convicciones, principios y pasiones importan. Eres valioso y mereces ser respetado. Ahora te aceptas, respetas, valoras, aprecias y quieres tal y como eres. Repite la siguiente afirmación positiva después de mí:

Ahora me expreso audazmente… sin dudas… SOY creativamente expresivo… sin miedo, con confianza y atrevidamente… Ahora SOY libre… para expresar mi verdadero y genuino Yo… Ahora digo mi verdad con honestidad… y también con amabilidad… La expresión de mi alma es preciosa.

Ahora, con gran gratitud en tu corazón, ha llegado el momento de salir de esta meditación. Manteniendo los ojos cerrados, sopla vigorosamente por lo menos cuatro veces, como si estuvieses apagando velas… [Graba 15 segundos de silencio aquí]. Luego regresa al equilibrio interior y exterior, abre los ojos y repite en voz alta la siguiente afirmación positiva después de mí:

ESTOY atento… ESTOY despierto… ESTOY equilibrado interior y exteriormente… OSTENTO el control… SOY la única autoridad en mi vida… ESTOY protegido divinamente… por la luz de mi ser… Gracias, Dios, y ASÍ ES.

CAPÍTULO 4

Felicidad próspera

«La felicidad no se encuentra en la mera posesión de dinero, sino que yace en la alegría del logro, en la emoción del esfuerzo creativo».

FRANKLIN D. ROOSEVELT

La felicidad es la verdadera medida del éxito. El camino hacia la felicidad está pavimentado con la aceptación de lo que hay y nos libera del miedo de lo que no hay. Cuando avanzas por esa senda, dejas atrás el pasado, caminas por el presente y visualizas el mejor de los futuros. Este capítulo puede ayudarte a experimentar una felicidad abundante.

ELIMINAR LOS BLOQUEOS PARA LA FELICIDAD

Algunas personas creen que para sentirse vivas deben aferrarse a emociones negativas, el drama y la angustia; pero los pensamientos deprimentes nunca aportan felicidad y bloquean la abundancia. Deja ir a las nubes oscuras y permite que entre el Sol. Para atraer el amor, la felicidad y la prosperidad, recita la siguiente afirmación positiva en voz alta y con convicción.

Invoco al Espíritu Santo, al Espíritu de la verdad y la plenitud, para eliminar todas las convicciones, hábitos y condiciones que no me sirven. Ahora disuelvo, libero y dejo ir todas las convicciones inútiles, agotadas y negativas de esta vida y de vidas pasadas, ya sean conocidas o desconocidas, conscientes o inconscientes.

Ya no busco atención enfurruñándome, con el chantaje emocional, manipulando ni mediante ningún otro comportamiento pasivo-agresivo. Ahora me desprendo de las convicciones de que si me posiciono como alguien débil y patético la gente me amará, me querrá o me salvará.

Ahora elimino todos los pensamientos de ira, miedo, frustración, culpabilidad, autoincriminación, reproche, vergüenza, falta de mérito, drama, depresión, desesperanza, angustia, inferioridad, ineptitud, victimismo y manipulación. Esos sentimientos se ven ahora sanados, disueltos, elevados y se dejan ir. Se queman en la hoguera del amor y la verdad divinos.

Ahora doy la bienvenida a pensamientos positivos, creativos, poderosos y sabios de amor divino, fe, confianza, esperanza, calma, alegría, perdón, piedad, compasión, amor propio, autoestima, autoaceptación, perdón a uno mismo, confianza en uno mismo, autoempoderamiento, paz, serenidad, tranquilidad, felicidad, gozo, realización, inocencia e ingenuidad.

Ahora sé y acepto que mi comunicación con los demás ya no está repleta de mensajes contradictorios, duplicidad, artimañas engañosas o subterfugios. Ahora conecto amorosamente con confianza, inocencia, palabras dulces, tacto y sabiduría.

OSTENTO el control. SOY la única autoridad en mi vida. ESTOY protegido divinamente por la luz de mi ser. SOY un ser de luz divino. Vivo con integridad, equilibrio, plenitud, fortaleza, independencia y sinceridad. Dios está conmigo ahora y siempre. Gracias, Dios, y ASÍ ES.

ACEPTAR LO QUE HAY

Maldecir tus circunstancias actuales y anhelar fantasías ilusorias bloqueará la prosperidad. Si asumes la responsabilidad por tus decisiones, avanzas por tu camino con elegancia, tu vida se convertirá en una celebración. Para aceptar la vida tal cual es, recita esta afirmación positiva en voz alta, con poder y convicción.

ESTOY hecho a imagen y semejanza de un Creador perfecto.
Por lo tanto, SOY perfecto de todas las formas posibles.
Ahora SOY suficiente, y siempre tengo suficiente.
Ya no envidio, estoy resentido ni culpo a los demás
    por mi situación vital y mis circunstancias.
Ahora asumo toda la responsabilidad por todo lo que he creado.
Me perdono tan profundamente como puedo,
    por todos y cada uno de los aparentes errores.
En realidad no ha habido errores.
Lo hice lo mejor que pude en su momento
    en esas circunstancias, en este estado de conciencia.
El amor indulgente de Dios y su poder sanador me liberan ahora.
[Cierra los ojos y perdónate tan profundamente como puedas].
Ahora me quiero y acepto tal y como SOY.
Ahora me considero a mí mismo perfecto, tal y como SOY.
Ahora acepto que mi vida es perfecta, tal y como es.
Acepto lo que hay, en este preciso lugar y momento,
    y preveo un futuro incluso mejor.
Ahora me enfrento al futuro sin miedo, sabio y libre.
Gracias, Dios, y ASÍ ES.

AFIRMACIÓN POSITIVA PARA LA FELICIDAD

La felicidad es una decisión que tomas en cada momento. Considerando cada obstáculo como una oportunidad, te desprendes del miedo y das la bienvenida a retos con valentía. Para escoger la felicidad a pesar de los problemas, recita esta afirmación positiva audiblemente y con confianza.

Ahora elijo ser feliz.
Incluso en medio de retos, estoy a la altura y SOY feliz.

Incluso cuando estoy bloqueado por obstáculos, encuentro una forma de sortearlos, y SOY feliz.

Incluso cuando estoy cercado por problemas, encuentro soluciones para cada uno de ellos, y SOY feliz.

Incluso cuando todos parecen estar en mi contra, me mantengo fuerte en mi interior, y SOY feliz.

Incluso cuando me siento débil, mi Yo superior es invencible, y SOY feliz.

Incluso cuando mi vida parece un desastre, afirmo el orden divino, y SOY feliz.

Incluso cuando me siento infeliz, sé que las circunstancias externas no determinan mi felicidad interior, y SOY feliz.

Incluso cuando estoy experimentando una pérdida devastadora, encuentro una forma de darle la vuelta, y SOY feliz.

Incluso cuando me siento traicionado y apuñalado por la espalda, SOY indulgente, y SOY feliz.

Incluso cuando me siento empobrecido, tengo la capacidad de modificar mis circunstancias, y SOY feliz.

Incluso cuando embisto con mi cabeza contra una pared sin éxito, puedo satisfacer mis deseos con una determinación implacable, y SOY feliz.

Incluso cuando parece que nadie me quiere, sé que Dios me quiere, y SOY feliz.

Incluso cuando me siento solo, sé que Dios está siempre conmigo, y SOY feliz.

Incluso cuando parece que no hay razón alguna para ser feliz, encuentro algo por lo que estar agradecido, y SOY feliz.

No espero a que mi vida sea fácil para decidir ser feliz.
Quiero a todos y a todo en mi vida, y SOY feliz.

GRATITUD ABUNDANTE

Una actitud de gratitud es una forma poderosa de conservar una sensación de plenitud. Expresar agradecimiento a diario puede convertir ceños fruncidos en sonrisas. Recita la siguiente afirmación positiva en voz alta y con confianza. Cuando llegues al espacio en blanco, enumera las cosas por las que estás agradecido: personas, oportunidades, salud, amor, inteligencia, educación, trabajo, posesiones, aficiones: lo que sea que te levante el ánimo y te haga feliz.

Éste es el día que el Creador ha hecho.
Por lo tanto, como el Creador es perfecto, éste es el día perfecto.
Cada precioso momento de este día es perfecto.
Doy las gracias por este día, por el Sol que me calienta,
*   el aire que me vigoriza, el agua que me refresca,*
*   la comida que me alimenta, y la tierra que me proporciona*
*   sustento.*
ESTOY agradecido por mi vida, mi familia y mis amigos.
Ahora doy las gracias al Creador por todo el bien
*   que recibo en mi vida en todos y cada uno de los momentos.*
ESTOY incalculablemente agradecido por
[enumera cosas, personas y oportunidades].
Gracias, Dios, porque SOY querido inconmensurablemente.
Gracias, maravilloso Dios, y ASÍ ES.

GRATITUD POR LA GENEROSIDAD DE DIOS

La gratitud es un ingrediente esencial para la prosperidad. Sin embargo, esta afirmación positiva va un paso más allá. Puede alinear tu voluntad humana con la voluntad divina. Recita esta afirmación positiva en voz alta y con confianza y convicción.

Todo lo que SOY, todo lo que pretendo y todo lo que tengo
*   es creado, mantenido y eternamente sustentado*
*   por el don de la gracia que es Dios.*
Ahora ofrezco agradecimiento por la abundancia
*   que me ha sido otorgada por el benevolente Creador,*
*   cuya lluvia cae sobre todos por igual,*
*   perpetua, eterna y abundantemente.*

Tú eres mi fuente de inspiración,
el faro de mi vida, el aliento de mi ser.
Me aferro a ti como mi solaz y consolador,
*   mi puerto seguro de apoyo y protección.*
Resido en el corazón del Todopoderoso.
Tu voluntad y la mía son una.
SOY uno contigo, ahora y siempre.
Gracias, maravilloso Dios, y ASÍ ES.

MEDITACIÓN PARA LA RISA

Tu estado natural de ser es la felicidad infinita. Esta meditación orientada puede ayudarte a eliminar las emociones que estén evitando que te encuentres en ese estado natural de felicidad. Graba lo siguiente en tu dispositivo y luego siéntate cómodamente y empieza a reproducirlo a un volumen bajo.

Si estás escuchando esto en forma de una grabación, cierra ahora los ojos y mantenlos cerrados a lo largo de la meditación, hasta que te diga que los abras.

Paz, paz, quédate tranquilo. Quédate tranquilo y estate en paz. Paz perfecta, paz perfecta, paz perfecta… Quédate tranquilo y estate en paz… Haz una gran respiración honda de alegría abundante. Inspira… y espira… Haz una gran respiración profunda de risa divina. Inspira… y espira… Ahora relájate y respira con normalidad.

El sabio inmortal Babaji [pronunciado baa baa yii] es el maestro del humor y el otorgador de dicha felicidad. Repite estas palabras de forma audible: *Invoco a Babaji… para que acuda ahora… y para que traiga felicidad, risa… inspiración y alegría… a mi ser…* Luego siéntate tranquilamente con los ojos cerrados durante un rato… [Graba 10 segundos de silencio aquí].

Ahora repite lo siguiente en voz alta: *Ahora invoco a Babaji… para que me ayude a liberar todos… los pensamientos y sentimientos negativos… que no me sirven…*

Ahora disuelve, abandona y despréndete de todos los sentimientos de miedo, culpa, vergüenza, falta de mérito, tristeza, dolor, debilidad, depresión, desesperanza, ira, reproche, frustración y el resto de emociones que han bloqueado tu felicidad. Estos pensamientos negativos son ahora cariñosamente sanados, disueltos y expulsados. Ahora son elevados hacia el interior de la luz del amor y la verdad divinos. Y han desaparecido.

Ahora abre tu corazón para acoger y recibir emociones nuevas, poderosas, positivas, alegres y optimistas. Ahora te ves llenado de fe, confianza, perdón, autoestima, mérito, júbilo, felicidad, placer, fortaleza, entusiasmo, alivio, paz, amor, responsabilidad, satisfacción y alegría.

La felicidad es una opción, y ahora escoges la felicidad en cualquier momento. Independientemente de con qué retos te encuentres, la felicidad es el cimiento que se encuentra en el centro de tu ser.

Ahora repite las siguientes palabras en voz alta: *Invoco a Babaji… para que me llene con la luz pura… de la felicidad infinita…*

Ahora siéntate tranquilamente y permite que tu conciencia se llene, impregne y sature de pura alegría. Ahora estás sumergido en la alegría, saciado de alegría y bañándote en un océano de alegría… A medida que tu vibración se eleve más y más, hacia la mayor frecuencia de la que puedas disfrutar cómodamente, entras ahora en los reinos celestiales de luz dorada pura. Te encuentras en la alegría suprema de la divinidad. La luz del Espíritu te rodea, el amor del Espíritu te envuelve, el poder del Espíritu te protege y la presencia del Espíritu te cuida. Te encuentres donde te encuentres, el Espíritu está, y todo está bien.

Ahora repite las siguientes palabras en voz alta: *Ahora invoco a Babaji… para que me bendiga con una «Alimentación de Risa»… Le pido a Babaji que saque a la luz… olas de risa desde mi interior… y que extienda la risa… a través de mi ser…*

Ahora permite que la risa brote desde tu interior sin ninguna razón concreta… De repente, la idea de toda esta existencia mundana empieza a parecer un chiste hilarante… [Graba 10 segundos de silencio aquí]. Mientras permites que la risa surja desde tu interior y que crezca, te sientes forzado a reírte y reírte… [Graba 10 segundos de silencio aquí]. Mientras te ríes con un creciente abandono, la risa aumenta de intensidad… [Graba 10 segundos de silencio aquí]. Mientras sigues riendo incontroladamente, empiezas a doblarte y es difícil parar… [Graba 10 segundos de silencio aquí].

La risa es un estado divino del ser. La consciencia divina es risa. La felicidad es tu estado natural. La risa es tu verdadera naturaleza. La risa es amor divino. La risa te llena de alegría. Eres amado por el comediante divino máximo. El Espíritu es amor, el Espíritu es alegría, el Espíritu es risa y el Espíritu es la vida misma.

Ahora, con gran gratitud en tu corazón, ha llegado el momento de salir de esta meditación… Manteniendo los ojos cerrados, sopla ahora vigorosamente por lo menos cuatro veces como si estuvieras apagando velas... [Graba 15 segundos de silencio aquí]. Luego regresa al equilibrio interior y exterior, abre los ojos y repite en voz alta la siguiente afirmación positiva después de mí:

ESTOY atento… ESTOY despierto… ESTOY equilibrado interior y exteriormente… OSTENTO el control… SOY la única autoridad en mi vida… ESTOY protegido divinamente… por la luz de mi ser… Gracias, Dios, y ASÍ ES.

SEGUNDA PARTE

BIEN ILIMITADO

CAPÍTULO 5

Camino y propósito prósperos

«Sólo puedes convertirte en alguien consumado en algo que ames.
No hagas que el dinero sea tu meta. En lugar de ello, persigue cosas
que te encante hacer, luego hazlas tan bien que la gente
no puede apartar la mirada de ti».

MAYA ANGELOU

Te convertirás en lo que pienses. Aquello a lo que le prestes atención se hará más fuerte en tu vida. Centrarte constantemente en la prosperidad atraerá a la prosperidad. Sin embargo, buscar la riqueza, sólo por el hecho de tratarse de riqueza, es un empeño solitario e insatisfactorio. Descubrir el objetivo de tu vida y luego ponerlo de manifiesto de forma próspera es la clave para la abundancia que te inspira, eleva a los demás y bendice a todo el planeta. En este capítulo practicarás métodos de generación de milagros que te ayudarán a descubrir y satisfacer tu verdadera llamada.

DIOS ES LA RESPUESTA

Cuando permites que Dios oriente tu destino, satisfaces tu diseño, plan y propósito divinos. Para invocar la dirección divina de Dios, repite esta afirmación positiva con convicción.

SOY uno con el Espíritu, ahora y siempre.
Mi alma es la esencia de Dios.
Mi mente es la inteligencia de Dios.
Mi corazón es el amor de Dios.
Mis manos son los instrumentos de Dios.
Mis pasos son las obras de Dios.
Veo a través de los ojos de Dios y recibo visión divina.
Oigo a través del oído de Dios y recibo orientación divina.
Siento a través de la presencia de Dios y recibo gracia divina.
No hay ningún impedimento para mi unicidad con el Espíritu.
Nada evita que exprese mi verdadera naturaleza divina.
Nada falta en mi rica y maravillosa vida espiritual.
Dios es la fuente y el suministro infinitos de todas mis bendiciones.
Dios es la Estrella Polar que me orienta hacia mi mayor bien.
Dios es el que muestra el camino en mi senda.
Dios es la brújula que me guía hacia casa.
Dios es la carretera recta hacia la realización.
Dios es el orquestador de mí.
Gracias, Dios, y ASÍ ES.

AFIRMACIÓN POSITIVA DEL PLAN Y EL PROPÓSTO DIVINOS

La meditación, la afirmación positiva y la orientación del Espíritu pueden ayudarte a poner de manifiesto tu plan y tu objetivo divinos. Recita esta afirmación positiva en voz alta, con una convicción llena de confianza, para acoger ese plan divino y para desprenderte de todo lo que no sea como ese plan divino.

54

El *Espíritu de mi interior me libera y me redime ahora*
de cada convicción, hábito y trastorno
y de todos y todo
que no están predestinados a ser parte de
mi plan de vida, camino y objetivo divinos.
Invoco al Espíritu para que llene mi vida
y para que atraiga hacia mi experiencia a la gente, los lugares,
las ideas, los eventos, las situaciones y las circunstancias
que están predestinados a ser parte de
mi destino divino verdaderamente decretado.
Con orden, orientación y sincronización divinos,
el Espíritu me orienta ahora y me muestra el camino
hacia mi verdadero lugar, verdadera prosperidad y verdadera
gente, que están de acuerdo con mi verdadero plan divino.

El Espíritu se acerca ahora a mí y me une a aquellos
que encajan en mi vida, de acuerdo con mi plan divino.
ESTOY ahora dispuesto, preparado y completamente equipado
para satisfacer mi plan y objetivo divinos.
Nada ni nadie puede dificultar mi plan divino,
que se está desplegando para mí en este preciso momento.
A través del poder del Espíritu en mi interior,
reconozco, acepto y manifiesto ahora
la ruta y el canal perfectos hacia mi plan divino
tal y como me es revelado paso a paso.
Me regocijo en el plan divino, que es el plan sublime.
Mi idea y mi plan divinos se ponen ahora de manifiesto
rápida, cómoda, sencilla y fácilmente.

A través del poder del Espíritu en mi interior,
la vida de la libertad divina es mi vida ahora.
Mi vida está en perfecta armonía y ecuanimidad.
Nuevas puertas de cosas buenas se abren ahora para mí.
Con un espíritu lleno de confianza y optimista,
en un orden y con una sincronización divinos perfectamente
correctos, con una orientación y encauzamiento divinos

55

perfectamente correctos, pongo ahora de manifiesto
unos resultados divinos perfectamente correctos.
Ahora avanzo hacia una vida de amor, salud
felicidad, seguridad, riqueza y una vida de abundancia,
y una autoexpresión divina perfecta, ahora y siempre.
Gracias, Dios, y ASÍ ES.

EJERCICIO DEL PENSAMIENTO ILIMITADO

El ejercicio de escritura-meditación de pensamiento ilimitado puede ayudarte a expandir tu pensamiento más allá de unos límites reducidos. Puede mostrarte algo que quizás no sepas sobre ti mismo. Una vez que hayas completado este ejercicio, se te revelará su propósito, Aquí tenemos cómo practicarlo:

Toma un folio en blanco y un bolígrafo o un lápiz: sí, un papel y un instrumento de escritura físicos. Ahora usa tu imaginación y escribe una lista detallada de lo que harías, día a día, si dispusieses de todos los siguientes recursos ilimitados y si fuese imposible que fracasases:

Tiempo ilimitado
Salud ilimitada
Energía ilimitada
Optimismo ilimitado
Felicidad ilimitada
Confianza en ti mismo ilimitada
Autoempoderamiento ilimitado
Realización ilimitada
Inteligencia ilimitada
Conciencia espiritual ilimitada
Encanto ilimitado
Amor ilimitado
Compasión ilimitada
Amabilidad ilimitada
Recursos ilimitados
Dinero ilimitado

Poder ilimitado
Influencia ilimitada
Éxito ilimitado
Ayudantes bien pagados, felices y devotos ilimitados

No escribas una lista de cosas lujosas que te comprarías, como joyas y coches. En lugar de eso, anota cómo emplearías tu tiempo, día a día, y cómo se satisfarían tus deseos más sinceros.

No leas el siguiente párrafo hasta que hayas completado tu lista. Eso es. Ve y escribe tu lista ahora. Tómate todo el tiempo que necesites. Luego regresa a esta página.

* * *

Ahora fíjate en tu lista y piensa en lo que has escrito. Puede que éste sea el documento más importante que hayas creado nunca, ya que revela pistas sobre tu propósito divino y desvela tus infinitos deseos más sentidos.

Esta lista es un anteproyecto para una vida llena de posibilidades: una vida que puedes construir. Esto no es una fantasía: es una realidad que puedes alcanzar mediante tu poder creativo innato. Incluso aunque algunas de las cosas que aparecen en tu lista parezcan imposibles, cualquier cosa es posible con el Espíritu.

Elige un objetivo de tu lista y da un pequeño paso para satisfacerlo. Como ese objetivo está alineado con tu propósito superior, la todopoderosa Naturaleza empezará a apoyarlo. Puede que te encuentres con coincidencias no tan casuales, sucesos fortuitos, encuentros aparentemente imprevistos y sorpresas maravillosas.

Una vez que des un pasito, sigue dando más hasta conseguir cada objetivo en tu lista. Ésa es una vida de milagros: una vida ilimitada.

¿QUÉ ACTIVIDAD PUEDE HACERTE RICO?

Hace muchas décadas, le pregunté a un sabio y renombrado astrólogo védico cómo podría incrementar mi fortuna y atraer una mayor riqueza. Me explicó que no hay una fórmula fija y universal. Cada persona tiene un canal concreto y único hacia la prosperidad.

Me pidió que recordase un incidente en el que consiguiese más dinero que mediante ningún proyecto anterior. Recordé una ocasión en la que se había programado que una conferencia sobre meditación tuviera lugar en un edificio que era demasiado pequeño para alojar a los cientos de asistentes que se preveían. Por lo tanto, reservé habitaciones de hotel cerca de ese edificio y puse estas habitaciones a disposición de los potenciales asistentes. Esa iniciativa me hizo conseguir más dinero que cualquier otro proyecto en el que me hubiera implicado antes.

El astrólogo me explico que prestando atención a qué canal me había traído buena suerte en el pasado, podía implicarme en proyectos similares en el futuro. Ese consejo me inspiró a ofrecer retiros para la meditación, viajes a destinos sagrados y conferencias holísticas. Así nació Divine Travels, que me ha aportado una gran abundancia.

Por lo tanto, te sugiero que te preguntes: «¿Qué actividad pasada me ha hecho ganar más dinero?». Si es una actividad legítima que se adapte a tu verdadero propósito, entonces ve tras ella.

AFIRMACIÓN POSITIVA DEL PROPÓSITO DE PROSPERIDAD

La siguiente afirmación positiva puede incrementar la circulación divina del bien mientras satisfaces tu propósito en la vida y tu destino divino. Recita esta afirmación positiva en voz alta con un amor y convicción sentidos.

Mi objetivo individual y divino es uno,
desplegándose hermosa y cómodamente
de acuerdo con la perfecta sabiduría y gracia de Dios.
El tesoro divino se abre ahora para proporcionar todo
lo que me sostiene a mí y a mi objetivo de todas las formas.
La prosperidad se pone de manifiesto para mí en total libertad,
en forma de regalos espirituales y gracia.
Todos y todo son beneficiosos para mí ahora.

Todos y todo me hacen prosperar ahora.
Merezco recibir una prosperidad copiosa.
Me quiero completa e incondicionalmente.
Gracias, Dios, y ASÍ ES.

ALQUIMIA DE LA MANIFESATACIÓN EN SIETE PASOS

La siguiente meditación escrita te ayudará a satisfacer tu objetivo, alcanzar tus metas y hacer milagros. Aquí la tenemos resumida:

1. Haz una lista de problemas y características personales que desees eliminar.
2. Prepara una lista de tus metas más loables.
3. Toma una decisión firme para alcanzar tus objetivos.
4. Visualiza tu éxito.
5. Da gracias.
6. Emprende acciones para satisfacer tus objetivos y eliminar tus dificultades.
7. Guárdate esto para ti y nunca jamás te rindas.

Aquí tenemos cómo:

Hazte con un cuaderno de notas o un diario en blanco. En la primera página escribe un título como «Diario de la alquimia de la manifestación» con un rotulador verde o dorado (colores que representan la prosperidad). En la siguiente página escribe «Lista de eliminación»: una lista sincera de problemas y características personales que deseas cambiar. Aquí tenemos un ejemplo: «Ahora me perdono por mi irresponsabilidad económica. Ya no gasto dinero en cosas superfluas».

El siguiente paso consiste en descubrir tus aspiraciones más loables. Has descubierto muchos objetivos dignos en este libro en la página 56. Otra forma de identificar los verdaderos deseos de tu alma consiste en recordar los sueños sentidos de tu infancia que puede que, desde hace mucho, se hayan hecho añicos en forma de sufrimiento por parte de detractores que hayan dicho: «No puedes», «Eso no es normal», «Eso no es más que una fantasía», «Eso no son más que sinsentidos pueriles», «Se te han subido los humos a la cabeza» o «¿Quién te crees que eres: algún tipo de pez gordo?».

Todas estas afirmaciones son falsas. Lo cierto es que eres merecedor, plenamente, de tus aspiraciones sinceras merecedoras de consumación. Ahora identifica por lo menos un objetivo en cada una de estas áreas: prosperidad material, prosperidad de la salud y el bienestar, prosperidad en el amor y las relaciones y prosperidad espiritual. Escribe estos títulos en las páginas de la izquierda de tu diario, y bajo cada título anota un objetivo. Mantén las páginas de la derecha en blanco por ahora.

Haz que tus objetivos sean concretos, definidos, detallados y mensurables tanto en cuanto al espacio como al tiempo, que sean relevantes para esa área de la vida, incluso aunque parezcan inalcanzables. Aquí tenemos un ejemplo de una formulación de un objetivo de «prosperidad material»: «Ahora tengo cien mil euros o más en mi cuenta de ahorros antes del final de este año».

El tercer paso consiste en tomar una decisión firme, final, absoluta y positiva para consumar tus objetivos. Recuerda que algunas metas pueden cambiar, y que eso está bien. Puede que sólo fueran castillos en el aire y no los verdaderos deseos de tu corazón.

El cuarto paso consiste en visualizar el éxito. Con ese fin, busca en revistas o en Internet imágenes, palabras y frases que representen tus metas. Pega imágenes relevantes en las páginas de la derecha, al lado de los objetivos escritos en las páginas de la izquierda. Puedes escribir afirmaciones positivas bajo las imágenes, como, por ejemplo: «Esto o algo mejor: Permite que el bien ilimitado del Espíritu se lleve a cabo» (esa frase concreta desencadena la acción de la ley del suministro infinito).

Luego, tres veces al día, a primera hora de la mañana, a mediodía y por la noche, revisa tu diario y lee tus objetivos con un tono de voz afirmativo y lleno de confianza. En otros momentos del día, visualiza tus metas tan frecuentemente como sea posible.

Tu quinto paso es la gratitud. Cuando cada objetivo se haya consumado, escribe, con gratitud y una sonrisa feliz, en tu diario, al lado de tu objetivo: «Gracias, maravilloso Dios». Inicia, además, una lista de gratitud en tu diario. Mantén una lista y añádele cosas por las que estés agradecido, y lee esa lista tres veces al día.

Tu sexto paso consiste en actuar. Soñar despierto no es suficiente. Haz planes concretos, haz lo necesario y sigue hasta el final. Para eliminar problemas y carencias, trabaja para cambiarlos.

El séptimo paso consiste en mantener tus metas en secreto y no rendirte nunca. Nunca hables de tus objetivos con nadie, excepto con el Espíritu. Continúa, con fe, para satisfacer cada objetivo que parezca deseable, independientemente de cuánto tiempo lleve o de cuántos obstáculos aparezcan. En el caso de los objetivos que ya no sean viables, despréndete de ellos y considéralo como un avance. Cada paso que des representa un paso menos para consumar tus metas, mientras haces crecer, gradual y constantemente, tu consciencia de la prosperidad.

Siempre que surjan el escepticismo o las dudas, toma tu diario y revísalo. Todos los que han alcanzado la grandeza lo hicieron a pesar de que todo pareciese en contra, pese a los detractores y a pesar de los demonios autosaboteadores internos. Simplemente toma una decisión inamovible y luego da pasos mediante la perseverancia y la constancia de tu resolución. Avanza incansablemente y nunca nunca jamás te rindas.

CAPÍTULO 6

Manifestación próspera

«El dinero suele atraerse, no perseguirse».

Jim Roth

Tienes un poder creador infinito. Con fe, confianza, intención, concentración, perseverancia y determinación puedes poner cualquier cosa de manifiesto. En este capítulo practicarás métodos que te ayudarán a materializar lo que sea que te propongas.

MEDITACIÓN PARA LA MANIFESTACIÓN DIVINA

Con fe en el poder de Dios en tu interior, todo es posible. Esta meditación puede ayudarte a poner de manifiesto milagros cotidianos. Graba estas palabras en tu dispositivo. Luego siéntate cómodamente e inicia la reproducción a un volumen bajo.

Si estás oyendo esto en forma de una grabación, cierra los ojos y mantenlos cerrados a lo largo de toda la meditación hasta que te diga que los abras.

Paz, paz, quédate tranquilo. Quédate tranquilo y estate en paz. Paz perfecta, paz perfecta, paz perfecta… Quédate tranquilo y estate en paz… Haz una gran respiración profunda de relajación. Inspira… y espira… Haz una gran respiración honda de amor divino. Inspira… y espira… Haz una gran respiración profunda de empoderamiento. Inspira… y espira... Ahora relájate y respira con normalidad.

Hay una vida, y ésa es la vida de Dios. Dios es el poder que hace milagros, el árbol anhelante-gratificante, la fuente de todas las bendiciones. Dios es la verdad del ser, la paz mental, el bienestar del cuerpo, la fortaleza de carácter, el equilibrio de las emociones y el orden divino de los asuntos. Dios es plenitud y unicidad, gracia e invencibilidad.

La vida de Dios es tu vida ahora. Dios está por encima y por debajo de ti, a tu derecha, a tu izquierda, delante de ti, detrás de ti, en tu interior y a todo tu alrededor. Dios está en tu corazón, mente y alma. Dios está presente por doquier. No hay ningún lugar en el que Dios no esté. Allá donde vayas está Dios. Vives en el corazón de Dios y habitas en el sanctasanctórum de Dios. Dios es el aire que respiras, la fuente de toda vida y de tu vida. Nunca estás solo porque Dios está contigo ahora y siempre.

En Dios encuentras amor. En Dios encuentras solaz y consuelo. En Dios encuentras paz y serenidad. En Dios encuentras felicidad y alegría. En Dios encuentras prosperidad y abundancia. Dios es la materia y la sustancia de la que está hecho todo. Tu copa siempre está llena de esa sustancia, y puedes crear cualquier cosa a partir de ella. Por lo tanto, no tienes necesidad de nada.

Cualquier energía negativa que aparentemente te haya refrenado es ahora sanada, disuelta, elevada y se la deja ir. El amor, la luz y la energía de Dios te llenan y rodean ahora. La presencia y el poder que crean este universo y lo sostienen es tu poder ahora. Encuentras fortaleza en el poder de Dios.

Ya no estás sujeto a las vicisitudes de la vida, los caprichos del destino o las influencias negativas. Ya no permites que el pesimismo o la depresión te afecten. No eres una víctima. Eres un voluntario. Tú creas tu propio destino: una nueva vida de abundancia. Estás libre de las opiniones externas y las críticas, y no estás sujeto a los estándares erróneos de la sociedad. Ahora creas una vida basada en la verdad.

El orden divino perfecto gestiona ahora tu vida de acuerdo con la voluntad divina y la orientación divina para la obtención de resultados divinos. El bien abundante se pone ahora de manifiesto en tu mente, tu cuerpo y tus asuntos. Siempre te encuentras en el lugar correcto perfecto, haciendo la cosa correcta perfecta, satisfaciendo cada deseo en el momento correcto perfecto. Vas con la cabeza alta en la certidumbre, sabiendo que vas en la dirección adecuada, cumpliendo tu objetivo. Nada ni nadie puede disuadirte de tu verdadera senda: el camino hacia la gloria. La energía de Dios trabaja a través de ti para aportarte bendiciones. Tu bien absoluto está disponible ahora, sin condiciones, exigencias ni reembolsos, y lo recibes amable y elegantemente.

Como sabes que Dios está en tu interior, eres afortunado. Tú generas tu propia riqueza. Tú creas tu propia suerte. Nada está evitando tu prosperidad ilimitada. Todo lo que podrías necesitar está en tu interior. Eres el manantial eterno de la profusión. Con el toque de Midas, todo lo que tocas se convierte en oro. Libre de distracciones, tienes la mirada puesta en el premio. Trabajas diligente e intencionadamente para alcanzar tu meta. Nada de tu pasado puede disuadirte. Estás totalmente concentrado en apuntar a tu objetivo, disparar al centro de la diana y acertar en el mismísimo centro.

¿Cuál es el secreto de la prosperidad? Pide y te será dado. Pide y quizás recibas. La abundancia siempre está presente. Simplemente pide, sin tener que disculparte, todo el bien que deseas y mereces. Pide con sinceridad, amor, alegría y una determinación, perseverancia, fe y optimismo implacables. Pide y estate abierto a recibir orientación divina, orden divino, sincronización divina, voluntad divina, bendiciones y gracia. Pide que el polvo de oro de Dios te empape en forma de una prosperidad y opulencia escandalosas, espectaculares, magníficas y abundantes.

Entonces apártate de en medio y permite que los milagros sucedan. Observa la avalancha de prosperidad cayendo en cascada en tu vida. Dios en tu interior es la fuente de tu bien. Recíbelo con gratitud y elegancia. Tú eres la fuente y la respuesta. Tú eres el creador de tu destino. Con Dios como tu aliado puedes poner de manifiesto cualquier cosa. Nada es imposible con Dios. Déjate ir y deja que Dios entre. Confía en Dios para que sea tu guía. Vive tu mejor vida, una vida que valga la pena vivir. Y estate en paz.

Ahora, con gran gratitud en tu corazón, ha llegado el momento de salir de esta meditación... Manteniendo los ojos cerrados, ahora sopla vigorosamente por lo menos cuatro veces, como si estuvieses apagando velas... [Graba 15 segundos de silencio aquí]. Ahora sopla y apaga cuatro velas más mientras regresas al equilibrio interior y exterior. [Graba 10 segundos de silencio aquí]. Luego abre los ojos y repite en voz alta la siguiente afirmación positiva después de mí:

ESTOY atento... ESTOY despierto... ESTOY equilibrado interior y exteriormente... OSTENTO el control... SOY la única autoridad en mi vida... ESTOY divinamente protegido... por la luz de mi ser... Gracias, Dios, y ASÍ ES.

SUSTANCIA Y SUMINISTRO INFINITOS

Dios, la fuente y creador de todo, es un almacén infinito de sustancia divina al que puedes recurrir para crear cualquier cosa. Para acoger y encarnar este concepto, recita esta poderosa afirmación positiva con convicción y confianza.

Dios es todo lo que hay:
    la fuente, sustancia y suministro infinitos
    de todo en el universo.
Ahora SOY uno con, estoy fusionado con, estoy unificado a,
    y soy lo mismo que la fuente infinita de todo suministro.
ESTOY lleno y rodeado de sustancia divina,
    que ahora se pone de manifiesto para mí de formas abundantes
    y adecuadas.
Mi mente y mi corazón se unen en gratitud con un propósito
    preciso para acceder a la sustancia infinita y poner de
    manifiesto mi bien.
Dios es unicidad: incapaz de separación o división.
Por lo tanto, mi bien es incapaz de separación o división.

ESTOY unificado con mi bien íntegro ahora.
Independientemente de lo que conciba mi mente y mi corazón
  crea, ahora obtengo: sencilla, natural y deliberadamente.
Ahora hago realidad grandes logros con facilidad.
Materializo sin esfuerzo los verdaderos deseos de mi corazón,
  haciendo uso de la sustancia y suministro ilimitados de Dios,
Siempre tengo abundancia infinita de todo,
  porque Dios siempre dice «Sí» a cualquier petición.
Con fe y confianza en Dios todo es posible.
Gracias, Dios, y ASÍ ES.

VISUALIZACIÓN PARA LA REALIZACIÓN DE MILAGROS

Aquello a lo que dediques tu atención crecerá con más fuerza en tu vida. Más que pensar en lo que *no* quieres, pasa tiempo pensando en lo que *sí* quieres. Para centrarte en pensamientos que traigan consigo cambios positivos y abundancia, practica esta visualización y luego emprende acciones concretas.

Graba las siguientes palabras en tu dispositivo. Luego siéntate cómodamente en tu silla favorita, empieza a reproducir la grabación a volumen bajo y sigue las instrucciones.

Si estás escuchando esto en forma de grabación, cierra ahora los ojos y mantenlos cerrados a lo largo de la meditación hasta que te diga que los abras.

Paz, paz, quédate tranquilo. Quédate tranquilo y estate en paz… Paz perfecta, paz perfecta, paz perfecta. Quédate tranquilo y estate en paz… Relájate, relájate, déjate ir y quédate en paz… Haz una gran respiración profunda de relajación. Inspira… y espira… Haz una gran respiración honda de amor divino. Inspira… y espira… Haz una gran respiración profunda de milagros. Inspira… y espira… Ahora relájate y respira con normalidad.

Todas las cosas son creadas a partir de materia de pensamiento sin forma, que, en su estado primario, impregna y llena todo el cosmos. Mediante la proyección repetida de un pensamiento imaginado hacia el interior de esta sustancia sin forma, se pone de manifiesto físicamente. Ahora visualiza esta sustancia sin forma como una pantalla de cine en blanco en tu mente… Cuando plasmas frecuentemente un dibujo, una fotografía o una imagen de una película cristalinamente claros en tu pantalla mental, se materializa de forma física.

Ahora empieza a formar una imagen mental única, clara y definida de una meta que desees alcanzar: una que se ajuste a tu verdadero objetivo… [Graba 10 segundos de silencio aquí]. Concéntrate sólo en la idea o visión de esta meta… Identifícala como una imagen o película concreta… Permite que esa idea tome forma completa y te obsesione… Tómate un momento para conservar una imagen mental de ella. Luego colócala en tu pantalla de cine y mira cómo se desarrolla… [Graba 30 segundos de silencio aquí].

Ahora imagínate en la imagen o la película… Visualízate cumpliendo tu objetivo mientras, al mismo tiempo, te sientes profundamente agradecido porque este deseo, junto con tus otros deseos, te haya sido concedido. Mantén un sentimiento vital, sincero, profundo y continuo de gratitud por todas las bendiciones de la sustancia sin forma… [Graba 30 segundos de silencio aquí].

Ahora empieza a sentir las emociones de esa realización. ¿Cómo te hace sentir poner de manifiesto tu objetivo?... ¿Qué estás viendo?... ¿Oyendo?... ¿Sintiendo en tu cuerpo?... ¿En tu mente?... Visualiza esos sentimientos ahora, mientras imaginas que tu meta se hace realidad… [Graba 10 segundos de silencio aquí].

Durante este proceso, si aparece cualquier pensamiento negativo, dudas, miedos u objeciones, no te resistas a esos sentimientos. Permite que se generen. Luego permite que se disipen en la nada, que es lo que son realmente. Luego regresa a verte, oírte y sentirte en la pantalla, alcanzando tu meta… [Graba 10 segundos de silencio aquí].

Ahora imagina tu corazón inundado por la luz dorada de la realización, y que esos rayos de luz conectan tu corazón con el objetivo retratado en la pantalla… Tu corazón está unificado, fusionado y es uno con tu meta en la pantalla… Estás completamente de acuerdo con tu objetivo y te encuentras en paz. Ahora tómate un momento para deleitarte en la alegría y en la celebración de la consecución de tu objetivo… [Graba 15 segundos de silencio aquí].

Siempre que puedas tomarte un momento, pasa tiempo contemplando tu visión y muestra un sincero agradecimiento por haber alcanzado tu meta. Siempre que puedas tomarte un momento, pasa tiempo contemplando tu visión, y ten un agradecimiento sincero porque tu meta se haya cumplido. Visualiza frecuentemente tu imagen mental clara junto con una fe inquebrantable y una profunda gratitud.

Ahora ha llegado el momento de regresar de esta visualización. Mantén los ojos cerrados hasta que te diga que los abras. Con gratitud en tu corazón, sopla ahora cuatro veces como si estuvieses apagando velas... [Graba 15 segundos de silencio aquí]. Luego regresa al equilibrio interior y exterior, abre los ojos y repite en voz alta la siguiente afirmación positiva:

ESTOY atento... ESTOY muy atento... ESTOY despierto...
ESTOY muy despierto... ESTOY equilibrado interior y
exteriormente... OSTENTO el control... SOY la única
autoridad en mi vida... ESTOY divinamente protegido... por la
luz de mi ser... Gracias, Dios, y ASÍ ES.

INVOCANDO LA LEY DEL INCREMENTO

La Ley del incremento es tu tendencia innata a buscar una expresión más plena. Para amplificar tu incremento, expresa alegría y ofrece un agradecimiento sentido a tu fuente de suministro, y envíale amor. Proporciona gratitud al Espíritu por el dinero, el amor, la salud, la felicidad, la elevación espiritual y todas tus actividades. Ofrece elogios generosamente y recíbelos con elegancia.

Para «dejar una impresión de incremento», ayuda otros a sentirse mejor consigo mismos. Cuando les inspires para que alcancen sus objetivos y les ayudes a ganar, se sentirán enriquecidos por tu presencia y se convertirán en aliados. Para transmitir incremento, recita esta afirmación positiva en voz alta con fortaleza y convicción.

El incremento está presente en mi corazón, mente y alma.
Ahora invoco la ley del incremento para multiplicar mi bien.

Ahora pongo el bien en todo, espero el bien,
doy las gracias por todo y regresa un bien mayor.
Habitualmente ofrezco plegarias y agradecimiento,
y recibo con elegancia el incremento del bien.
Pensamientos de optimismo y éxito llenan mi mente y mi corazón.
Mi campo de energía irradia una impresión de incremento.
Inspiro a otros para que crean que pueden hacer realidad
sus sueños.
Visualizo que pueden hacer cualquier cosa.
Toda la gente con la que me encuentro se siente elogiada
y valorada.
SOY una bendición para todos a quienes conozco en este día
y cada día.
Mi energía sana inspira, eleva y energiza a otros.
SOY una influencia positiva, y todo lo que toco se ve
incrementado.
Ahora aporto incremento allá donde voy, a cualquiera a quien
conozca.
Ahora dejo a todo el mundo con una impresión de incremento.
Gracias, Dios, y ASI ES.

AFIRMACIÓN POSITIVA PARA LOS MILAGROS

Para descomponer, disolver y librarse de viejos patrones y para hacer realidad milagros rápida y poderosamente, recita esta afirmación positiva frecuentemente, con un tono de voz lleno de confianza y con convicción.

Por mi propia cuenta no puedo hacer nada,
pero el Espíritu, que habita en mi interior, puede hacer
cualquier cosa.
El Espíritu está ahora llevando a cabo milagros
en mi mente, cuerpo, relaciones, finanzas,
condiciones, situaciones, circunstancias,
y todos mis asuntos, justo aquí y ahora.

Con el Espíritu todo es posible.
Ahora le cedo todos los problemas y preocupaciones al Espíritu.
Ahora me libero a mí mismo y a todos mis asuntos
    a los resultados perfectos de la ley espiritual,
    que convierte los pensamientos en cosas.
Ahora sintonizo con las estructuras de pensamiento
    más constructivas en mi interior y a mi alrededor,
    mediante el poder que obra milagros del Espíritu.
Gracias, Dios, y ASÍ ES.

MANTRA PARA LA MANIFESTACIÓN DE LA REALIZACIÓN DE MILAGROS

El Shatangayur Sukta, de la antigua escritura Markandeya Purana, elogia los cien rostros de Maha-Kaal Bhairav, la forma más agresiva, feroz y destructiva del Señor Shiva. Este himno del cumplimiento de deseos elimina los bloqueos para que recibas tu bien.

Pronúncialo correctamente visitando el canal de YouTube Spiritual Mantra y buscando «Shatangayur Sukta: The Wish Fulfilling Mantra» («Shatangayur Sukta: el mantra del cumplimiento de deseos»). Recita el mantra en voz alta y con convicción, mientras visualizas, al mismo tiempo, la victoria al alcanzar tu objetivo.

Om Hreem Shreem Hreem Hroom Hraiem Hrah
Hana-Hana Daha-Daha Pacha-Pacha Gruhaana Gruhaana
Maaraya-Maaraya Mardaya-Mardaya Maha-Maha Bhairava-
Bhairava Roopena
Dhoonaya-Dhoonaya Kampaya-Kampaya Vighneya-Vigneya
Vishweshar
Kshobhaya-Kshobhaya Katu-Katu Mohaya Hoom Phatt Swaha

Aquí tenemos la traducción:
Invoco a Maha-Kaal Bhairav, el mayor de todos los dioses. Aplasta todo mal, aflicciones y dolor. Limpia, quema y destruye a los enemigos y la injusticia. Saca a la luz y expone todas las enfermedades y los de-

monios, y los vence, agarra, quema y aniquila. Mata y erradica el mal y las energías negativas de la ira, la codicia y la lujuria. Aplasta a los enemigos, el mal y la miseria. En un estado agitado, con un rugido enorme, hace que todas las energías demoníacas tiemblen y se agiten mientras rompe y destruye toda ignorancia, delirio y pecado. Resplandeciente, esplendoroso y ardiendo brillantemente por unos resultados propicios, es feroz, increíble y extraordinario. Supera los obstáculos y al mal, elimina todos los problemas y aflicciones y emerge victorioso. ASÍ SEA.

CAPÍTULO 7

Trayectoria profesional próspera

«Creo mucho en la suerte, y me encuentro con que cuanto más duro trabajo más suerte tengo».

THOMAS JEFFERSON

En este capítulo practicarás métodos para potenciar tu vida laboral. Cuando modificas tu actitud con respecto al dinero y cuando te centras en incrementar tu capacidad de adquirir riqueza, puedes atraer la abundancia ilimitada.

EXPRESIÓN DEL TRABAJO DIVINO

Esta afirmación positiva sobre el poder puede ayudarte a asegurar un puesto de trabajo ideal, en el que tus verdaderas habilidades, talentos y capacidades se expresen alegremente, y en el que completes tareas con excelencia. Recita estas palabras con confianza y una convicción inquebrantable.

Mi puesto perfecto en mi trayectoria profesional con mi salario
      perfecto se pone ahora de manifiesto en el momento y de la
      forma perfectos para Dios.
Mi sueldo aumenta constantemente.
Recibo y acepto ingresos económicos grandes, constantes,
      fiables, permanentes y sustanciosos ahora.
Los ascensos me llegan con facilidad.
Siempre doy el ciento por ciento en el trabajo,
      y SOY muy apreciado y valorado.
Mi trabajo es gratificante, alegre y satisfactorio.
Permaneciendo concentrado y atento llevo a cabo mi trabajo
      con facilidad,
      eficientemente y con precisión y puntualidad.
Pienso con claridad, de forma concisa y correcta
      en todas las tareas que se me ponen delante.

Es un placer estar en mi área de trabajo.
Trabajo en armonía con todos mis colegas
En una atmósfera de respeto mutuo.
Todos son serviciales y cooperadores.
Los clientes disfrutan y les encanta hacer negocios conmigo.

Mi negocio se está expandiendo más allá de mis expectativas.
Atraigo todas las transacciones que puedo gestionar
      cómodamente.
Mi negocio florece y prospera opulentamente.
Siempre atraigo a los mejores clientes,
      y es una alegría servirles.
Todo mi trabajo y mi negocio está ahora
      bendecido, es próspero y está protegido,
      ahora y siempre.
Gracias, Dios, y ASÍ ES.

SOY EL MAESTRO DE MI OFICIO

Esta afirmación positiva puede motivar que alcances la excelencia en tu área de conocimiento. Con práctica, puedes dominar tu talento y seguir mejorando. La excelencia atrae a la riqueza. Recita estas palabras de forma audible y con confianza.

SOY el maestro de mi oficio.
SOY único en mis habilidades.
Mi trabajo satisface una necesidad vital.
Nadie más puede hacer exactamente lo que yo hago.
Nadie más es como yo y nadie puede reemplazarme.
SOY un original único.
Centro mi atención en mi capacidad para sobresalir.
Con la práctica incremento perpetuamente mi pericia.
Mejoro cada vez más en mi habilidad, día a día.
Con tiempo y con paciencia, me doy cuenta de todo mi potencial.
Alcanzo la cima de mi éxito en mi campo.
SOY el mejor en lo que puedo hacer.
SOY el maestro de mi ámbito.
Gracias, Dios, y ASÍ ES.

TRAYECTORIA PROFESIONAL DECIDIDA

En el capítulo 5 has practicado el «Ejercicio de pensamiento ilimitado», que te ha ayudado a descubrir tu verdadera misión. En esta meditación visualizarás el cumplimiento de esa llamada divina. Graba esta meditación en tu dispositivo. Luego siéntate cómodamente en tu silla favorita e inicia la reproducción a un volumen bajo.

Si estás escuchando esto en forma de una grabación, cierra ahora los ojos y mantenlos cerrados durante la meditación hasta que te diga que los abras.

Paz, paz, quédate tranquilo... Quédate tranquilo y estate en paz... Paz perfecta, paz perfecta, paz perfecta... Quédate tranquilo y estate en paz... Haz una gran respiración profunda de amor divino. Inspira… y espira… Haz una gran respiración honda de luz divina. Inspira… y espira… Haz una gran respiración profunda de poder y propósito divino. Inspira… y espira… Ahora relájate y respira con normalidad.

Ahora sabemos y reconocemos que Dios es la verdad de ser, la luz de la vida. Dios es plenitud y unicidad. Dios es perfección por doquier ahora. Dios es la perfección aquí y ahora. Dios es el plan y el propósito divinos, la misión y la llamada perfectas. Dios es la trayectoria profesional perfecta en alineamiento con el plan divino.

Ahora estamos fusionados y somos uno con y somos lo mismo que Dios. Somos la verdad del ser y la luz de vida que es Dios. Somos plenitud y unicidad. Somos perfección por doquier ahora. Somos perfección aquí y ahora. Somos el plan y propósito divinos que es Dios. Somos la misión divina y la llamada perfecta que es Dios. Somos la trayectoria profesional perfecta en alineamiento con nuestro plan divino perfecto.

Ahora, por tanto, sabemos y declaramos que haces realidad tu verdadera misión divina, tu plan divino, tu propósito divino, tu indicación divina y tu trayectoria profesional divina, en este preciso lugar y ahora, y en cada precioso día.

En un momento, te imaginarás, en silencio, satisfaciendo los verdaderos deseos de tu corazón y tu propósito divino en tu trayectoria profesional perfecta. Te visualizarás en situaciones cotidianas prácticas, dándote cuenta de tu verdadera llamada y tu objetivo más elevado. Visualizarás cómo te sientes en esta circunstancia de lo más afortunada en la que las aspiraciones más queridas y sentidas de tu trayectoria profesional se desplazan hacia la culminación. Visualizarás lo que harás diariamente para hacer que estos sueños se conviertan en realidad.

Ahora haz una gran respiración profunda de propósito divino. Inspira… y espira… Haz otra gran respiración honda para profundizar más. Inspira… y espira… Luego respira con normalidad…. Ahora pasa algo de tiempo en silencio, imaginándote en esta situación de lo más afortunada en la que estás haciendo realidad tu propósito divino día a día… [Graba 3 minutos de silencio aquí].

Ahora, con gratitud en tu corazón, sal de esta meditación. Manteniendo los ojos cerrados, sopla ahora vigorosamente por lo menos cuatro veces como si estuvieras apagando velas... [Graba 15 segundos de silencio aquí]. Luego ten la intención de recorrer todo el camino de vuelta hacia el equilibrio interior y exterior. Ahora abre los ojos y repite la siguiente afirmación positiva después de mí:

ESTOY atento... ESTOY muy atento... ESTOY despierto...
ESTOY muy despierto... ESTOY equilibrado interior y
exteriormente... OSTENTO el control... SOY la única
autoridad en mi vida... ESTOY divinamente protegido...
por la luz de mi ser... Gracias, Dios, y ASÍ ES.

VOCACIÓN DELIBERADA

Con confianza en tu Espíritu, tu vocación elegida y tu pasatiempo deseado pueden ser idénticos. Una vez que descubras tu deseo más sentido, que es el mismo que tu objetivo en la vida, podrás empezar a dar pasos por ese camino. Para alinear tu trayectoria profesional con tu verdadero propósito, recita esta afirmación positiva en voz alta, con convicción y con un tono de voz lleno de confianza.

ESTOY completamente alineado con mi verdadero objetivo
y mi destino.
Los deseos de mi corazón y las convicciones de mi mente son uno.
Con confianza, camino por la senda de la sabiduría más elevada.
Con determinación, me comprometo con mi plan divino.
Con determinación, tomo decisiones firmes y definitivas.
Con completa confianza, doy un gran salto de fe.
Con convicción, avanzo por mi verdadero camino.
Con integridad, hago realidad mi destino.
Vivo en el corazón del Espíritu divino.
Habito en la presencia del Todopoderoso.
ESTOY envuelto en el resplandor de la luz divina.
ESTOY inmerso en la comodidad del amor divino.
SOY elevado en las bendiciones de la gloria divina.
SOY bendecido y querido por Dios.

ESTOY en paz.
Gracias, Dios, y ASÍ ES.

CONSEGUIR EL TRABAJO DE TUS SUEÑOS

El secreto para lograr cualquier objetivo, incluyendo tu trabajo perfecto, consiste en tomar una decisión firme con rotundidad y ceñirse a una intención indisoluble con una resolución absoluta. Persigue tu objetivo con fe, perseverancia y una determinación implacable. Recitar esta afirmación positiva en voz alta de forma regular y con convicción puede ayudarte a conseguir el trabajo de tus sueños.

Hay un poder y una presencia en funcionamiento en el universo y en mi vida: Dios el bueno, el omnipotente. Dios es la fuente de todo. No hay escasez ni carencia en Dios, ya que Dios es totalidad, unicidad, prosperidad, abundancia y plenitud infinitas. Dios es propósito y llamada divinos, destino y misión divinos.

ESTOY ahora fusionado y soy uno con Dios en una plenitud uniforme perfecta. No hay separación entre Dios y yo. Ahora vivo, respiro, me muevo y tengo mi ser en Dios y a través de Dios. SOY prosperidad, abundancia, plenitud y unicidad. No hay escasez ni carencia en mi consciencia infinita. SOY plenitud y realización ilimitadas. SOY propósito y llamada divinos, destino y misión divinos.

Por lo tanto, ahora sé y afirmo que consigo mi puesto de trabajo, empleo o trayectoria profesional perfectos que es perfecto para mí de todas las formas y que hace uso de mis mayores talentos, fortalezas y dones, que me aporta abundancia y alegría, que es agradable y satisfactorio, en un entorno armonioso e inspirador, para el mayor bien para mí y para todos los demás implicados. Mi remuneración semanal neta es de _____ € o mejor, ahora.

Ahora sano, disuelvo, elevo y libero todos los pensamientos, hábitos, estados y sentimientos limitantes que han bloqueado mi puesto de trabajo, empleo o trayectoria profesional perfecto, ya sea conocido o desconocido, consciente o inconsciente. *Ahora elimino de mi mente cualquier ansiedad, preocupación, miedo, duda, falta de mérito, incompetencia, carencia, escasez, pobreza, timidez, procrastinación, pereza, culpa, reproche, ira, resentimiento y todos los otros pensamientos negativos que me han obstaculizado. Estos pensamientos limitantes son ahora bendecidos, sanados, disipados, elevados, dejados ir y quemados en la hoguera del amor divino.*

Ahora doy la bienvenida y acepto pensamientos nuevos, positivos, poderosos, potenciadores de la vida, y enriquecedores de tranquilidad, alegría, seguridad, confianza, comodidad, fe, certidumbre, autoestima, autoaceptación, autoempoderamiento, abundancia, prosperidad, opulencia, valentía, fortaleza, motivación, entusiasmo, persistencia, perseverancia, determinación, diligencia, laboriosidad, productividad, perdón y responsabilidad personal. Interiorizo estos pensamientos positivos ahora.

Ahora invoco al Espíritu Santo para que corte cualquier atadura mental, lazos kármicos y cordones vinculantes entre otras personas, cosas, emociones, situaciones, circunstancias, recuerdos y convicciones que han impedido que consiga mi puesto de trabajo, empleo o trayectoria profesional perfecto, incluyendo a la gente que me ha intimidado, me ha hecho sentir indigno, me ha tratado con desdén, me ha hecho sentir como un tonto, me ha desanimado, ha destrozado mis sueños, me ha obligado a adaptarme a sus normas, me ha presionado, o me ha convencido de que yo era pequeño, tímido, cobarde, mermado, inferior o una víctima.

Esos lazos vinculantes son ahora cortados, cortados, cortados, cortados, cortados, cortados, cortados, cortados, cortados, cortados, cortados, cortados, cortados, cortados, cortados, cortados, cortados, seccionados, sanados, disueltos, elevados, liberados y se dejan ir hacia el interior de la luz del amor y la verdad divinos. Se queman hasta quedar reducidos a cenizas en la hoguera del amor divino. ESTOY libre de todas estas influencias negativas ahora.

SOY digno de encontrar y conseguir mi puesto de trabajo, empleo o trayectoria profesional perfecto ahora. Ahora me

comprometo con un plan de acuerdo con mi propósito divino,
emprendo acciones y hago lo que hace falta para buscar, encontrar
y conseguir mi puesto de trabajo, empleo o trayectoria profesional
perfecto, o algo mejor.

Ahora acepto plenamente en consciencia todo lo que he dicho, o
algo mejor. Le doy las gracias a Dios por haber conseguido ahora
mi puesto de trabajo, empleo o trayectoria profesional perfecto
para mí de todas las formas, y por el cual recibo una remuneración
semanal neta de _____€, o mejor, ahora. Gracias, Dios, y
ASÍ ES.

AFIRMACIÓN POSITIVA PARA EL INCREMENTO

Esta afirmación positiva puede ayudarte a poner de manifiesto la aplicación práctica de la ley del incremento en la expresión de tu trabajo. Recita esta afirmación positiva, con convicción y confianza.

Busco la excelencia, cumplir magníficamente y conseguir mejores
*   resultados en el trabajo.*
Siempre tengo un desempeño mejor del esperado en mi puesto
*   de trabajo y mi situación actuales.*
Llevo a cabo cada tarea diligente, atenta y exitosamente.
Cada día, la presencia divina que habita en mi interior
*   me inspira con ideas originales, creativas, inteligentes*
*   y prósperas.*
Cada día lo hago lo mejor que puedo ese día.
Proporciono servicio a cada persona
*   más allá del valor monetario que recibo.*
Cada transacción conduce a más vida.
Tengo una mente adelantada y vivo una vida avanzada.
La impresión de incremento es ahora comunicada
*   a todos con los que entro en contacto.*
Me mantengo concentrado y decidido con respecto a mi objetivo
*   para hacerme rico mediante la materialización de mi imagen*
*   mental y mi intención.*

Mi vida es ahora vivida con gratitud y gracia.
Gracias, Dios, y ASÍ ES.

SANAR TU LUGAR DE TRABAJO

La prosperidad florece en un entorno armonioso y cariñoso. La energía negativa en el puesto de trabajo bloqueará la abundancia. Independientemente de lo exitosa que sea una compañía, sólo una atmósfera de integridad, honestidad, respeto e imparcialidad puede fomentar una influencia positiva que atraiga una riqueza sostenible.

Incluso la más positiva de las organizaciones puede verse asolada por la energía oscura. Esta afirmación positiva puede sanar tu lugar de trabajo y atraer la prosperidad. Pronúnciala en voz alta y con convicción con un tono de voz fuerte y lleno de confianza.

Ahora invoco a Saint Germain para que sane y eleve la energía vibracional en mi lugar de trabajo. Ahora elimino de mi lugar de trabajo todas y cada una de las energías limitantes y los distintivos de formas de pensamiento que no le sirven a mi compañía ni a mí. Todas las energías negativas de desorden, caos, confusión, conflicto, competencia, intimidación, ira, falta de respeto, animosidad, celos, acoso sexual, prejuicios, desigualdad, racismo, sexismo y abusos son ahora sanadas, limpiadas, disueltas, elevadas, liberadas y se las deja ir hacia el interior de la luz del amor y la verdad divinos. Estas energías se queman ahora y quedan reducidas a cenizas en el fuego violeta de Saint Germain.

Ahora doy la bienvenida en mi lugar de trabajo a energías nuevas, positivas, poderosas y optimistas de orden divino, plan divino, voluntad divina, concordia, convergencia, unidad, armonía, paz, amor, respeto, perdón, buena voluntad, confianza, fe, equidad, honor, integridad, estima, admiración, justicia, tolerancia, aceptación, amabilidad, paciencia y amor fraternal.

Cada átomo de mi lugar de trabajo está ahora bañado en una luz blanca líquida divina hermosa, que sana, purifica y eleva sus energías y a todos los que trabajan en él. Mi lugar de trabajo está ahora sumergido en un océano de amor divino, que ablanda las energías y aporta amabilidad cariñosa a todos.

Todas y cada una de las entidades negativas en mi lugar de trabajo son ahora cariñosamente sanadas y perdonadas, sanadas y perdonadas, sanadas y perdonadas, sanadas y perdonadas, sanadas y perdonadas, sanadas y perdonadas, sanadas y perdonadas, sanadas y perdonadas, sanadas y perdonadas, sanadas y perdonadas. Estás unificado en el amor. Estás unido con la verdad del ser. El amor y la luz divinos te llenan y rodean ahora. Ahora estás libre de miedo y turbación, de tristeza y dolor, del mundo material y de la vibración terrenal. Eres libre de avanzar hacia la luz divina del Espíritu.

Eres bendecido, perdonado y liberado en el interior del amor, la luz y la plenitud del Espíritu universal. Eres bendecido, perdonado y liberado en el interior del amor, la luz y la plenitud del Espíritu universal. Eres bendecido, perdonado y liberado en el interior del amor, la luz y la plenitud del Espíritu universal. Eres elevado en el interior de la luz de Dios, elevado en el interior de la luz de Dios, elevado en el interior de la luz de Dios, elevado en el interior de la luz de Dios. Ve ahora al interior de tu lugar perfecto de expresión. Ve ahora al interior de la luz divina. Ve ahora en paz y amor.

Mi lugar de trabajo es ahora llenado, empapado, bañado y rodeado por la luz de la prosperidad divina. Ahora invoco a la Madre Lakshmi para que se instale y establezca permanentemente en mi lugar de trabajo y que honre a todos los trabajadores con bendiciones supremas de felicidad, plenitud, alegría y realización. Mi lugar de trabajo atrae ahora un bien, abundancia, fortuna, opulencia y riqueza cada vez mayores.

La luz de Dios rodea mi lugar de trabajo, el amor de Dios rodea mi lugar de trabajo, el poder de Dios protege mi lugar de trabajo, la presencia de Dios vigila mi lugar de trabajo. La presencia y la energía de Dios llenan mi lugar de trabajo de prosperidad y bendiciones, ahora y siempre. Gracias, Dios, y ASÍ ES.

CAPÍTULO 8

Hogar y automóvil prósperos

«La riqueza no es de aquel que la tiene, sino de aquel que la disfruta».

BENJAMIN FRANKLIN

En este capítulo practicarás métodos que te ayudarán a poner de manifiesto tu espacio para vivir y tu medio de transporte perfectos, y generará una atmósfera hogareña de armonía, felicidad, riqueza, alegría y realización que atraerá la prosperidad.

TU HOGAR IDEAL EN IMÁGENES

Millones de personas comparten fotos en las redes sociales, pero, además de ayudar a conservar tus recuerdos, las fotos también pueden ayudarte a crear un futuro ideal y de abundancia. Implicándote en lo que llamo «determinación de objetivos mediante la visión» puedes emplear el poder de la visión-meditación para poner de manifiesto resultados positivos.

¿Por qué es tan difícil consumar los objetivos? Porque quizás encuentres difícil seguir el camino de tu visión, foco, impulso y determinación. Sin embargo, las imágenes pueden ayudarte a visualizar tus objetivos claramente. La determinación de objetivos mediante la visión puede ayudarte a poner de manifiesto tu hogar ideal manteniendo esa meta muy clara.

Aquí tenemos de qué manera crear un «tablón de visión del hogar ideal»:

Reúne fotos de revistas, Internet o de cualquier otro lugar que muestren: 1) exteriores e interiores de lugares en los que quizás quieras vivir; 2) fotos de ti y de otros que vivirán en ese hogar; 3) fotos de montones de dinero o de un cheque por una cantidad más que suficiente para financiar tu hogar quedando libre de deudas; 4) palabras, frases o titulares que representen tu hogar ideal; y 5) si lo deseas, imágenes de tu poder superior, del que fluyen todas las bendiciones.

Pega tus imágenes favoritas en una gran cartulina de color dorado o verde (los colores de la prosperidad). Pega una imagen que represente a tu poder superior en la parte más alta y, con un rotulador dorado, pinta unos rayos que emanen de él, y escribe una afirmación positiva como: «Gracias, Dios, la fuente de todo mi bien». También puedes añadir otras afirmaciones positivas o palabras, como, por ejemplo: «ESTOY alojado cómoda y lujosamente con la rica sustancia del Espíritu».

Mira, dos o tres veces al día, tu «tablón de la visión del hogar ideal» y recita en voz alta las palabras y las afirmaciones positivas con un tono de voz lleno de confianza. ¡Luego sal y haz que suceda! Los tablones de visión sólo son eficaces si emprendes acciones para hacer realidad tus objetivos.

VISUALIZAR TU HOGAR IDEAL

Aquí tenemos una meditación para ayudarte a visualizar, atraer y mudarte a tu hogar perfecto. Graba las siguientes palabras en tu dispositivo con un tono de voz lento, suave y relajante. Luego reprodúcelas a un volumen bajo.

Si estás escuchando esto en forma de una grabación, siéntate cómodamente, relájate y cierra los ojos. Mantén los ojos cerrados hasta que te pida que los abras.

Paz, paz, quédate tranquilo… Quédate tranquilo y estate en paz… Paz perfecta, paz perfecta, paz perfecta… Quédate tranquilo y estate en paz… Haz una gran respiración profunda de prosperidad divina. Inspira… y espira… Haz una gran respiración honda de protección divina… Inspira… y espira… Luego respira con normalidad.

Ahora sabemos y reconocemos que el Espíritu es nuestro puerto seguro, nuestro lugar de comodidad, nuestro verdadero hogar. El Espíritu es plenitud y unicidad. El Espíritu es amor, alegría, armonía, felicidad y realización divinos.

Ahora estamos fusionados y somos uno con el Espíritu en una plenitud continua perfecta. Vivimos en el corazón del Espíritu. Habitamos en el hogar del Todopoderoso, en el santuario Sagrado del Más Elevado. Nos vemos consolados en su puerto a salvo y seguro de paz y consuelo perfectos. Permanecemos en el amor, la alegría, la armonía, la felicidad, la realización, la plenitud y la unicidad.

Por lo tanto, sabemos y afirmamos que ahora visualizas, das la bienvenida, aceptas y vives en tu hogar ideal, o algo mejor.

Ahora tómate un momento para ver, en tu mente, tu hogar, apartamento o vivienda ideal, en tu área geográfica ideal… Imagina que estás de pie, fuera de tu casa y que la ves en su totalidad… [Graba 10 segundos de silencio aquí]. Visualiza si es de ladrillo, piedra, estuco, madera, troncos o de otros revestimientos… Imagina el tejado, y éste hecho de tablillas, tejas, cubierta vegetal, estuco u otro material… Mira el patio, los árboles, los arbustos, las flores, el césped, las piedras, las fuentes decorativas u otros elementos del paisajismo… Imagina la entrada delantera y cualquier escalón, el porche y la puerta… Visualiza el exterior de las ventanas y las contraventanas, y cómo están diseñadas y pintadas… Imagina cualquier garaje y su puerta… Visualiza cualquier construcción anexa en tu propiedad…

Ahora acércate y abre la puerta delantera… Visualiza el recibidor… Imagina cualquier mueble, escalera, dispositivo de iluminación, el suelo, el armario para los abrigos, el paragüero y otras características que desees… Ahora pasa al cuarto de estar… Imagina el color y la textura de las paredes y el suelo… Percibe los dispositivos de iluminación y las lámparas… Ve los muebles y la disposición… Date cuenta de cualquier cubreventanas, ya se trate de postigos, persianas o cortinas… Si hay alfombras, imagínalas… Visualiza a un grupo de amigos o a tu familia relajándose en esta habitación…

Ahora entra en el comedor… Imagina la mesa puesta, con tu cubertería, vajilla y cristalería… Pasa a la cocina y visualiza los electrodomésticos, el fregadero, los armarios y la zona de preparación de la comida… Imagínate preparando una comida… Visualízate a ti y a tu familia sentados en la zona en la que desayunáis… Ahora pasa al lavadero e imagina sus electrodomésticos y armarios… Pasa a uno de los cuartos de baño de invitados, si hay alguno, y visualiza el inodoro, el lavabo, el espejo, las baldosas y los dispositivos de iluminación…

Ahora explora el dormitorio principal… Mira la iluminación, las paredes, el suelo, las alfombras, las mesitas de noche, el vestidor y cualquier zona para sentarse… Luego abre la puerta del armario e imagínalo… Entra en el cuarto de baño principal… Visualiza la ducha o la bañera, el espejo, el tocador, el inodoro, los lavabos y los armarios… Entra en las habitaciones secundarias e imagina cómo están amuebladas… Fíjate en los dispositivos de iluminación, las camas, los vestidores, las mesitas de noche y otras características… [Graba 10 segundos de silencio aquí].

Ahora paséate y entra en el resto de las estancias de tu casa, como el *home cinema*, la sala de estar, la terraza acristalada, el gimnasio, el cuarto para tus pasatiempos, las despensas, el garaje, etc… [Graba 20 segundos de silencio aquí].

Ahora sal al patio trasero e imagina qué hay ahí… Visualiza el paisajismo, los árboles, los arbustos, las flores, los muros de piedra, las fuentes o la piscina… Puede que imagines un porche, una zona para sentarse, un bar exterior, una cocina o una barbacoa… Puede que tu patio trasero esté cerca de un riachuelo, un lago o un océano… Puede que una valla rodee tu patio…

Luego visualízate sentado en tu escritorio, abonando tus facturas alegre y fácilmente, incluyendo el alquiler o el arrendamiento, los pagos de la hipoteca, los impuestos a la propiedad, los recibos de las reparaciones y los costes de las reformas… Sabe y acepta ahora que cumples con todas estas obligaciones con facilidad…

Ahora imagina que es el día de la mudanza… Tú y/o tu familia os estáis mudando a vuestra casa ideal… Visualiza una furgoneta o un camión lleno de cajas y muebles que se meten en la casa… Imagínate desembalando cajas… Siente una gran felicidad y gratitud mientras te instalas y asientas en tu nevo hogar… Siente alegría y realización en tu nuevo entorno ideal… Pasa algunos momentos disfrutando de tu nuevo hogar… [Graba 15 segundos de silencio aquí].

Ahora, con gratitud en tu corazón, ha llegado el momento de salir de esta meditación. Manteniendo los ojos cerrados, sopla vigorosamente cuatro veces, como si estuvieses apagando cuatro velas. [Graba 15 segundos de silencio aquí]. Luego recorre todo el camino de vuelta hacia el equilibrio interior y exterior… Abre los ojos y repite esta afirmación positiva después de mí con un tono de voz fuerte y lleno de confianza:

ESTOY atento… ESTOY muy atento… ESTOY despierto…
ESTOY muy despierto… ESTOY equilibrado interior y
exteriormente… OSTENTO el control… SOY uno con Dios…
SOY la única autoridad en mi vida… ESTOY protegido
divinamente… por la luz de mi ser… Gracias, Dios, y ASÍ ES.

SANAR LA ATMÓSFERA DE TU HOGAR

Todo lo que sucede en tu hogar contribuye a su atmósfera. Cada discusión, desprecio o mal sentimiento reduce la frecuencia de la vibración. Cada pedacito de amor, amabilidad, compasión y piedad la eleva. Todos los que entran en tu hogar depositan distintivos de formas de pensamiento y estructuras de energía que quedan pegadas a los muebles, las paredes, los suelos y otros objetos. Para limpiar tu hogar de energías negativas y generadoras de pobreza, y para depositar energías positivas y generadoras de prosperidad, recita esta afirmación positiva en voz alta con un tono de voz lleno de confianza.

Ahora invoco al Espíritu Santo, al espíritu de la verdad y la plenitud, para que haga brillar la luz de la verdad y el amor sobre mi hogar. Ahora sano, disipo, elevo, libero y elimino todas las energías, emociones y distintivos y estructuras de formas de pensamiento negativos que han atraído la escasez, la carencia, la deficiencia y la pobreza a mi hogar.

Ahora disipa toda tensión, ansiedad, miedo, ira, confusión, dolor, culpa, resentimiento, reproche, dolor, depresión, pesimismo, enfermedad, malestar, adicción y cualquier otra energía oscura, agotadora, turbia y sombría que se haya depositado en mi hogar. Estos distintivos y estructuras de formas de pensamiento son ahora abiertos, triturados, disueltos, sanados, elevados, liberados y quemados y reducidos a cenizas en la hoguera del amor de Dios, y desaparecen.

Ahora le pido al Espíritu Santo que llene mi hogar de distintivos de formas de pensamiento positivos, poderosos, cariñosos y alegres de relajación, comodidad, calidez, solaz, salud, bienestar, dicha, renovación, plenitud, fe, perdón, inocencia, ingenuidad, orden, pureza, perfección, optimismo, abundancia, realización, satisfacción, prosperidad, éxito, alegría, júbilo, felicidad, deleite, placer, gozo, amor, paz, serenidad, tranquilidad y libertad.

Mi hogar es un refugio celestial de felicidad, éxtasis y dicha. Mi hogar es un jardín magnífico de armonía, equilibrio y ecuanimidad perfectos. La atmósfera vibracional de mi hogar se ve ahora elevada, elevada, elevada, elevada, elevada hacia el interior de la luz del amor divino. Mi hogar está bendecido y lleno de gracia divina.

OSTENTO el control, SOY la única autoridad en mi vida. ESTOY protegido divinamente por la luz de mi ser. Mi aura y el aura de mi hogar están ahora cerradas a los niveles astrales inferiores de la mente, y están abiertas a los reinos espirituales. Gracias, Dios, y ASÍ ES.

ELEVAR LA VIBRACIÓN DE TU HOGAR

Invocar a seres de luz puede sanarte, transformarte, traerte prosperidad y crear, al instante, vibraciones poderosas y positivas en tu interior y a tu alrededor. Para purificar y elevar la atmósfera de tu hogar, recita esta invocación de forma audible y con convicción.

Invoco al Espíritu Santo, al espíritu de la verdad y la plenitud, para que haga brillar la luz de la verdad sobre mí, para que haga nacer el fuego y la luz blancos de la pureza, eleve mi vibración hacia el interior del amor divino, y llene mi hogar y a mí de energía divina. Querido Espíritu Santo, extiende una esterilla de bienvenida y abre la puerta delantera para que la prosperidad entre en mi hogar y llene mi ser.

Invoco a Saint Germain para que traiga consigo la llama violeta incontenible de limpieza y purificación para que llene y rodee mi campo de energía y mi hogar y para que sane todas las vibraciones negativas y las transforme en puro amor. Querido Saint Germain, el alquimista divino que transforma el metal base en oro, que trae consigo gemas preciosas, y que embellece su vestimenta con numerosos diamantes, elimina, por favor, todos los bloqueos para la prosperidad y trae abundante opulencia a mi vida y mi hogar.

Invoco al maestro Jesús, el sanador divino y la encarnación del amor, para que cree una esfera dorada de luz protectora de Cristo que llene y rodee mi hogar y a mí mismo. El brillo dorado centelleante de la Consciencia de Cristo impregna esta esfera. Mi hogar y yo mismo somos ahora bendecidos, sanados y elevados por esta luz divina de redención y amor incondicional. Querido Jesús, bendice mi hogar y a mí con el bien infinito.

Invoco al arcángel Miguel para que esté de pie por encima, por debajo y cada lado de esta esfera dorada, aportando protección y voluntad divinas al interior de mi ser y mi hogar con su espada de llama azul de la verdad. Querido arcángel Miguel, revela mi propósito divino y dame la fuerza y los medios económicos para hacerlo realidad. Trae abundante prosperidad a mi vida y mi hogar.

Invoco a Buda para que haga nacer una luz dorada de sabiduría divina y conocimiento supremo en el interior de mi ser y mi hogar. Querido gran Buda, garantízame fortaleza, inteligencia y discernimiento para tomar las decisiones más sensatas que atraigan riqueza y sabiduría a mi vida y mi hogar, de modo que pueda usar estos dones de formas beneficiosas para todos.

Invoco al gran sabio Babaji, el yogui inmortal de Badrinath, en el Himalaya, para que me llene y me rodee de la luz clara de la iluminación, para que me ayude a hacer realidad mi verdadera identidad, mi consciencia superior, la comprensión de Dios y la liberación espiritual. Querido Babaji, haz nacer abundante felicidad, amor, alegría, libertad y riqueza en mi vida y mi hogar.

Invoco a Kwan Yin y a la Madre María para que hagan nacer una hermosa luz rosada de compasión divina y amor incondicional para que llene y rodee a mi hogar y a mí. Mientras expreso el amor divino a través de cada partícula de mi ser, le pido al amor divino que me lo devuelva multiplicado por mil. Queridos Kwan Yin y madre María, traed abundante amor, compasión, felicidad y riqueza a mi vida y mi hogar.

Invoco a Lakshmi, la diosa de la riqueza, para que llene mi hogar, mi lugar de trabajo y a mi ser con una luz verde esmeralda de prosperidad. Le pido a la madre Lakshmi que ahora dispense, desde las palmas de sus manos, multitud de metales preciosos, monedas, gemas, dinero, ganancias, beneficios, propiedades, activos, bienes inmuebles, inversiones y cualquier otra forma de riqueza. Querida madre Lakshmi, bendice e inunda mi hogar de copiosa prosperidad.

Invoco a todos los seres divinos de luz que se encuentren en mi torrente de identidad y que vengan en nombre de Dios para que me rodeen, me proporcionen amor y luz divinos, y aporten una enorme prosperidad a mi hogar, lugar de trabajo, campo de energía y ser.

Invoco a los ángeles y los arcángeles que vienen en nombre de Dios para rodearme, elevarme y alimentarme con amor y paz divinos. Queridos seres angelicales, por favor, traedme protección *divina y abundante prosperidad a mi vida y mi hogar. Gracias, Dios, y ASÍ ES.*

PONER DE MANIFIESTO TU VEHÍCULO IDEAL

El pensamiento es la principal causa de todo en este universo. Puedes crear cualquier cosa, incluyendo tu medio de transporte ideal. Recita esta afirmación positiva de forma audible, con confianza y convicción, para que te ayude a centrarte en tu objetivo y hacerlo realidad.

Reconozco que el Espíritu es la fuente de toda abundancia y toda creación en el universo. El universo es el único poder y la única presencia que pone de manifiesto todo el bien ahora. El espíritu es perfección buena, muy buena, ahora.

SOY uno con la fuente de creación ahora. El Espíritu es mi fuente siempre abundante de prosperidad ahora. El Espíritu es mi manantial siempre presente y constante de opulencia ahora. SOY uno con mi buena, muy buena perfección ahora.

Por lo tanto, reclamo para mí el vehículo perfecto con [especifica el número aquí] *puertas, mecánicamente bueno, seguro, cómodo, agradable de conducir, con un consumo reducido, fácilmente asequible para mí, que funcione a la perfección y con* [enumera otras características deseadas aquí], *o algo mejor, ahora.*

Acepto mi vehículo perfecto ahora, y sano y libero todas las convicciones y pensamientos antiguos que interfieren con esta afirmación, ya sean conocidos o desconocidos, conscientes o inconscientes. Mis pensamientos son ahora uno con, los mismo que y están en sintonía con el pensamiento divino. Me desprendo de la falta de mérito, el miedo, la resistencia, la culpa, el reproche el desorden y la carencia de mi mente ahora. Elimino de mi mente cualquier creencia de que no merezco el vehículo de mis sueños ahora.

Sé que merezco mi maravilloso vehículo nuevo ahora, y lo recibo graciosamente. Ahora adopto pensamientos de amor, mérito, aceptación, abundancia, autoindulgencia, receptividad, orden divino y prosperidad. Ahora me desprendo de todos los vehículos que he tenido en el pasado, sabiendo que el pasado se ha ido y que hoy es un día completamente nuevo de oportunidades originales y dichosas. Con el Espíritu como mi árbol que me concede deseos, sé que el vehículo perfecto de mis sueños se pone de manifiesto ahora. Mi vehículo siempre está preparado para partir. Conducir es una experiencia segura y agradable para mí y para aquellos que van conmigo. Mi mecánico hace un trabajo excelente por un precio justo.

Ahora acepto plenamente en consciencia y doy la bienvenida a mi vehículo perfecto, o algo mejor, ahora. Le doy las gracias a Dios por poner de manifiesto este bien en mi vida ahora de formas perfectas. Gracias, Dios, y ASÍ ES.

CAPÍTULO 9

Estilo de vida próspero

No hay límite para tu bien. Mereces todos los lujos que deseas. Tienes el poder de hacer que tus sueños (ya se trate de riquezas materiales, físicas, intelectuales o espirituales) se hagan realidad. Este capítulo ofrece métodos para crear una forma de vida más abundante.

ACEPTAR Y RECIBIR TU BIEN

Para disfrutar de un estilo de vida opulento, es esencial saber que la riqueza puede conseguirse. Es difícil creer en un suministro infinito cuando el credo colectivo de la humanidad venera la escasez y la carencia como su evangelio. Sin embargo, el concepto de lo que te corresponde es erróneo. El suministro inagotable de Dios es lo que te corresponde, y está disponible para todos. Esta meditación puede ayudarte a aceptar que mereces una abundancia ilimitada.

Graba las siguientes palabras en tu dispositivo. Luego siéntate cómodamente en tu silla favorita, inicia la reproducción a un volumen bajo y sigue las instrucciones.

Si estás escuchando esto en forma de una grabación, cierra ahora los ojos y mantenlos cerrados a lo largo de la meditación hasta que te diga que los abras.

Paz, paz, quédate tranquilo… Quédate tranquilo y estate en paz… Paz perfecta, paz perfecta, paz perfecta… Quédate tranquilo y estate en paz… Relájate, relájate, déjate ir y estate en paz… Haz una gran respiración profunda de relajación. Inspira… y espira… Haz una respiración honda de amor divino. Inspira… y espira… Haz una gran respiración profunda de riquezas opulentas. Inspira… y espira… Ahora relájate y respira con normalidad.

Ahora sabemos que hay un poder y una presencia en el universo y en nuestra vida: Dios el bueno, el omnipotente. Hay una vida, y ésa es la vida de Dios. Dios es la fuente y el suministro infinitos de todo el bien que pone de manifiesto este universo. Dios es el Creador y lo creado: la fuente todo-amorosa, todopoderosa, todo-acogedora y todo-misericordiosa de todas las bendiciones.

Ahora estamos fusionados, unificados y completamente alineados con Dios. No hay separación entre Dios y nosotros. Vivimos, respiramos, nos movemos y tenemos nuestro ser en Dios y a través de Dios, que habita en nosotros, como nosotros. Somos ese poder y presencia, esa fuente y suministro infinitos: la fuente todo-amorosa, todopoderosa, todo-acogedora y todo-misericordiosa de todas las bendiciones y todo el bien.

Ahora, por tanto, sabemos y afirmamos que mereces, profusamente, recibir todo el dinero, riqueza, activos, lujos, prosperidad, abundancia, opulencia y profusión dentro de tu corazón y tu alma.

Ahora disuelves, elevas y te desprendes de todos los pensamientos y emociones negativos sobre la riqueza. Ahora dejas ir la convicción de que la opulencia es imposible. Ya no criticas y sientes rencor por la gente rica. Ahora eliminas los conceptos del suministro limitado y la escasez y de merecer sólo lo que te corresponde. Ahora disipas la idea de que, para ser rico, debes hacer trampas o daño o aprovecharte de los demás. Todas tus falsas convicciones sobre la falta de mérito, la culpa, la vergüenza, el resentimiento, los celos, la carencia, la ira, el miedo y la frustración se ven ahora sanados, elevados, liberados, disueltos y erradicados cariñosamente en la hoguera del amor divino, y se les deja ir hacia el interior de la luz y la verdad divinos.

Ahora mereces, abundantemente, opulencia y lujos, sin esfuerzo. Es fácil, divertido y cómodo para ti ser próspero. Ahora recibes abundancia mediante productos y servicios legítimos, beneficiosos y que potencian la vida que son para el mayor bien. Nadie tiene que perder para que tú ganes. Tus proyectos benefician y elevan ahora al planeta y a todos los seres vivos. Eres una fuerza benevolente. Tu vida laboral es llenada de felicidad, luz, armonía abundante y amor copioso. Tu entorno de trabajo eleva y sana ahora a todos los implicados.

Mientras recurres a Dios en busca de indicaciones divinas, y mientras te desprendes de la envidia, la verdad floreciente te libera para que medres. Ahora aceptas plenamente en consciencia que la abundancia es un suministro infinito, y que mereces recibir todo el dinero, tesoros, riqueza, activos, lujos, posesiones, prosperidad, opulencia y profusión que deseas verdaderamente en tu corazón y tu alma.

Ahora repite esta afirmación positiva después de mí de forma audible: *Ahora confío, recibo y acepto… el Espíritu universal de la prosperidad… para que me mantenga suntuosamente ahora.*

Sabemos que todo esto, o algo mejor, se materializa plenamente ahora de una forma práctica en nuestra vida cotidiana, bajo la gracia divina, de formas perfectas.

Ahora, con gratitud en tu corazón, ha llegado el momento de salir de esta meditación. Manteniendo los ojos cerrados, sopla ahora vigorosamente por lo menos cuatro veces, como si estuvieses pagando velas… [Graba 15 segundos de silencio aquí]. Luego regresa al equilibrio interior y exterior, abre los ojos y repite esta afirmación positiva después de mí con un tono de voz fuerte y lleno de confianza:

ESTOY atento… ESTOY muy atento… ESTOY despierto…
ESTOY muy despierto… ESTOY equilibrado interior
y exteriormente… OSTENTO el control… SOY uno con

*Dios… SOY la única autoridad en mi vida… ESTOY protegido
divinamente… por la luz de mi ser… Gracias, Dios, y ASÍ ES.*

LA VIDA SIN LÍMITES

Si crees que el dinero es escaso y que no hay suficiente como para que
te alcance, bloquearás tu prosperidad. Para revertir esa falsa convicción
y atraer la abundancia, recita esta afirmación positiva en voz alta con
confianza y convicción.

> *Hay suficiente para todos, incluyéndome a mí.*
> *SOY enriquecido, y ESTOY lleno, satisfecho y feliz,*
>   *dirigido divinamente y se me hace prosperar abundantemente*
>   *mediante la bondad ilimitada de Dios,*
> *SOY próspero y pudiente, en mi interior y mi exterior.*
> *Mi bien, mi riqueza y mi vida nunca están limitados.*
> *Vivo de ingresos ilimitados ahora.*
> *SOY rico tanto de mente como de manifestación.*
> *El bien de Dios circula libremente a través de mi vida*
>   *y me hace prosperar enormemente, en este preciso momento.*
> *Dios es mi fuente de suministro constante e infinito.*
> *Grandes cantidades de dinero vienen ahora a mí*
>   *rápida, fácil, cómoda y legítimamente.*
> *Está bien que disfrute del éxito y la prosperidad.*
>   *en este preciso momento y siempre, y es sostenido eternamente.*
> *Merezco recibir todo lo que deseo.*
> *Mi bien está ahora fluyendo hacia mí tan abundante y pleno que*
> *poseo una riqueza rebosante que prestar y compartir.*
> *Gracias, Dios, y ASÍ ES.*

HERENCIA DIVINA

Eres un hijo de Dios y eres merecedor de recibir las bendiciones infinitas del Espíritu. Cuando te das cuenta de que Dios es tu progenitor

celestial, la riqueza del Espíritu fluye hacia el interior de tu vida. Recita esta afirmación positiva en voz alta y con convicción para aceptar tu herencia divina.

SOY un hijo de Dios, creado a imagen y semejanza de Dios.
Mi derecho de nacimiento es la abundancia infinita.
Por lo tanto, heredo una riqueza ilimitada.
SOY el hijo rico de un Dios Padre-Madre cariñoso.
SOY heredero de la fortuna generosa e infinita de Dios.
Dios es mi fuente constante de suministro ilimitado.
SOY abundantemente rico en la fortuna de Dios.
La riqueza del Cielo y de la tierra fluyen hacia mí
* en la poderosa corriente de poder infinito.*
Todo y todos me hacen prosperar ahora,
* y hago prosperar a todos y todo ahora.*
Reclamo mi herencia divina,
* y no TENGO remordimientos por*
* mi exceso de riqueza y mi estilo de vida lujoso.*
Doy las gracias a Dios por mi derecho de nacimiento divino,
* bajo la gracia, de formas perfectas. Y ASÍ ES.*

TABLÓN DE LA VISIÓN DEL LUJO

En la página 84 has creado tu «tablón de la visión del hogar ideal». Ahora crearás un «tablón de la visión del lujo» para transformar tus actitudes con respecto a la opulencia mediante la visión-meditación. Para atraer un estilo de vida próspero que te gustaría tener, es de utilidad imaginarte en circunstancias lujosas mediante un «tablón de la visión del lujo».

Aquí tenemos los pasos:

Recopila imágenes de revistas, Internet o de otros lugares que representen: 1) un estilo de vida lujoso, como una propiedad fabulosa, un coche, un yate, un club de campo, un club de tenis, un crucero, destinos de viaje, hoteles, ropa de diseño exclusivo, joyas preciosas, obras de arte, tus organizaciones de beneficencia favoritas, etc.; 2) una foto de ti y tu familia; 3) fotos de montones de dinero o de un cheque para mantener tu estilo de vida lujoso y libre de deudas; 4) palabras, frases o titulares que representen el lujo; y 5) si lo deseas, imágenes de tu poder superior, del que fluyen todas las bendiciones.

Pega las mejores de estas imágenes en una gran cartulina verde o dorada. Pega una imagen que represente a tu poder superior en la parte más alta, dibuja rayos saliendo de ella con un rotulador dorado y escribe una afirmación positiva como, por ejemplo: «Gracias, Dios, por mi fuente constante de suministro». Puedes escribir más afirmaciones positivas o palabras como, por ejemplo:

- SOY rico y disfruto de un estilo de vida lujoso.
- Me encanta mi riqueza y me encantan las cosas que el dinero puede comprar.
- Disfruto viajando en primera clase y visitando destinos exóticos.
- Tengo suficiente dinero para cubrir todas mis compras y gastos.
- ESTOY viviendo a lomos del lujo y lo merezco.
- El cambio es seguro, y ahora doy la bienvenida a la opulencia.

Mira tu «tablón de la visión del lujo» dos o tres veces al día y recita las palabras y las afirmaciones positivas de forma audible y con un tono de voz lleno de confianza. Luego sal y pon de manifiesto tu estilo de vida opulento. Los tablones de visión sólo pueden ser eficaces si emprendes acciones para que tu objetivo se haga realidad. ¡Nunca renuncies a tu sueño!

ABRIR TU FUENTE DEL DINERO

La convicción de que la riqueza es rara y que sólo es para la élite es falsa. Lo cierto es que este universo se ha creado a partir de una sustancia infinita, sin inicio ni final, y de la que se tiene un suministro ilimitado. Independientemente de cuánto tomes, el suministro es siempre copioso. Simplemente abre la tubería de la abundancia divina y deja que fluya hacia el interior de tu vida eternamente.

Graba la siguiente visualización en tu dispositivo y luego siéntate cómodamente en tu silla favorita, inicia la reproducción a un volumen bajo y sigue las instrucciones.

Si estás escuchando esto en forma de una grabación, ahora cierra los ojos y mantenlos cerrados durante la meditación hasta que te diga que los abras.

Paz, paz, quédate tranquilo… Quédate tranquilo y estate en paz… Paz perfecta, paz perfecta, paz perfecta… Quédate tranquilo y estate en paz… Relájate, relájate, déjate ir y estate en paz… Haz una gran respiración profunda de relajación. Inspira… y espira… Haz una profunda respiración de amor divino. Inspira… y espira… Haz una gran respiración profunda de riqueza ilimitada. Inspira… y espira… Ahora relájate y respira con normalidad.

Ahora sabemos que sólo hay una fuente y una sustancia en este universo y en tu vida. Esta fuente y sustancia es inconmensurable, abundante y no tiene ni principio ni final. No hay barreras ni límites al suministro de esta sustancia de la que está hecho el universo. Puedes acceder a esta fuente infinita y usarla en tu vida cotidiana.

Ahora imagina que estás de pie en la orilla de un océano de sustancia divina: la fuente de toda vida, todo poder, toda energía y todos los tesoros materiales. Ves frente a ti un mar interminable de riquezas hasta el horizonte: una fuente infinita y constante de riqueza con un suministro ilimitado.

Ahora instalas, instantáneamente, una tubería que conecta este océano de riquezas con tu hogar, tu lugar de trabajo y tu cuenta bancaria. La corriente empieza a fluir desde el océano de riquezas, y el flujo sin restricciones de dinero aumenta repentinamente en tu vida en forma de un torrente poderoso y eterno. A través de esta tubería, tu canal de riqueza es siempre opulento, infinito, eterno e interminable. Ahora estás repleto de una riqueza siempre renovada y eterna que puedes usar en tu vida cotidiana para expresar lo que sea que te propongas.

Al recibir una riqueza eterna, invocas a la ley de la circulación dando de ti alegre y libremente al universo mediante tus buenas obras y tus actos nobles, y distribuyendo tus riquezas generosamente a tu personal, contratistas, vendedores y organizaciones de beneficencia. Ahora te das cuenta de tu verdadero objetivo, recorres tu senda divina, satisfaces tus verdaderos deseos y pones de manifiesto tu destino divino.

Ahora aceptas plenamente en consciencia esta tubería divina de riqueza infinita. Ahora da las gracias a Dios por poner de manifiesto este bien en tu vida, bajo la gracia, de formas perfectas. Ahora, con gran júbilo en tu corazón, ha llegado el momento de salir de esta visualización. Manteniendo los ojos cerrados, sopla vigorosamente por lo menos cuatro veces, como si estuvieses apagando velas… [Graba 15 segundos de silencio aquí]. Luego regresa al equilibrio interior y exterior, abre los ojos y repite la siguiente afirmación positiva en voz alta:

ESTOY atento… ESTOY muy atento… ESTOY despierto…
ESTOY muy despierto… ESTOY equilibrado interior y
exteriormente… OSTENTO el control… SOY la única
autoridad en mi vida… ESTOY protegido divinamente… por la
luz de mi ser… Gracias, Dios, y ASÍ ES.

CAPÍTULO 10

Cuenta bancaria próspera

«La inversión en conocimiento aporta los mejores intereses».

BENJAMIN FRANKLIN

Generalmente, la gente no incrementa su riqueza a no ser que la necesite para un objetivo concreto. La riqueza puede hacerse crecer generando una necesidad y un vacío. La ley de la compensación afirma que la energía perdida siempre es reemplazada. La ley del incremento dice que todo crece y se expande. La ley de la circulación especifica que un equilibrio entre el recibir y el dar genera armonía. Todas estas leyes espirituales trabajan juntas para poner de manifiesto riquezas. Este capítulo ofrece métodos para ayudarte a poner estas leyes en funcionamiento.

AFIRMACIÓN POSITIVA PARA LA ABUNDANCIA ILIMITADA

Esta afirmación positiva accede a las leyes espirituales y a afirmaciones positivas bíblicas para invocar energías de prosperidad para su uso práctico en la vida cotidiana. Recita estas palabras en voz alta con convicción y confianza.

ESTOY bendecido por el Señor, que creó el cielo y la tierra.
Me deleito en el Señor, que me da los deseos de mi corazón.
Recuerdo al Señor mi Dios, que me da poder para obtener
    riqueza.
Independientemente de lo que pida en mis oraciones,
    creo que la he recibido y que es mía.
Me regocijo en la ley del Señor, y medito sobre esta ley día y noche.
En todo lo que hago, prospero.
Dios es la vid y YO SOY la rama. La rama no puede dar fruto por
    sí misma a no ser que permanezca en la vid, y yo tampoco
    puedo, a no ser que permanezca en Dios.
Dios abre su mano y satisface el deseo de todo ser vivo.
Dios satisface cada una de mis necesidades de acuerdo con sus
    riquezas en la gloria.
El Señor me hace crecer más y más a mí y a mi familia.
El Señor me abre su buen tesoro, los cielos, para proporcionar
    la lluvia a la tierra en la estación correspondiente y para
    bendecir todas las obras de mis manos.
Cuando doy, me es dado: en buena medida, presionado, agitado
    todo junto y rebosante.
Ahora doy y recibo mi bien ilimitado en mi propio beneficio
    y el del resto de la gente implicada.
No hay límites a la abundancia, ya que hay un suministro infinito
    y excedentes.
Hago circular libremente mi bien y me regresa multiplicado
    por mil, o mejor.
Gracias, Dios, y ASÍ ES.

MEDITACIÓN PARA LA RIQUEZA ILIMITADA

Esta meditación es una inmersión en la consciencia de la prosperidad. Cuanto más te concentres intencionadamente en generar riqueza, antes aparecerá tu bien en el plano físico. Graba esta meditación en tu dispositivo. Luego siéntate cómodamente en tu silla favorita e inicia la reproducción a un volumen bajo.

Si estás escuchando esto en forma de una grabación, cierra ahora los ojos y mantenlos cerrados a lo largo de la meditación hasta que te diga que los abras.

Paz, paz, quédate tranquilo… Quédate tranquilo y estate en paz… Relájate, relájate, déjate ir. Déjate ir y estate en paz… Haz una gran respiración profunda de relajación. Inspira… y espira… Haz una profunda respiración de amor divino. Inspira… y espira… Haz una gran respiración profunda de abundancia divina. Inspira… y espira… Ahora relájate y respira con normalidad.

Reconocemos que el Espíritu es la cornucopia de la abundancia, el reservorio del bien, la fuente infinita de prosperidad, el manantial de riquezas, opulencia, bendiciones y realización ilimitadas que fluye en forma de un torrente eterno. La riqueza inconmensurable del Espíritu circula libre por todo el cosmos, y siempre hay un excedente divino.

Ahora somos uno con este flujo divino y eterno de abundancia. El manantial de profusión ilimitada inunda nuestra vida ahora, vertiendo dinero sobre nosotros en forma de un torrente interminable. Nos vemos llenados hasta el borde y rebosamos abundancia. Nos vemos enriquecidos y realizados a través del bien infinito de Dios. Somos los beneficiarios prósperos de un Dios cariñoso, y la riqueza circula perpetuamente a través de nosotros.

Por lo tanto, sabemos y reclamamos que la abundancia y la prosperidad divinas perfectas se materialicen en tu vida ahora.

Tu mente se fusiona y es una ahora con la mente divina. Ahora te liberas de todos los pensamientos limitantes que te han cerrado el paso a la prosperidad ilimitada. Ahora te desprendes de las convicciones de que el dinero es el mal, de que la gente rica no es espiritual, de que la gente espiritual debería ser pobre, y de que no eres digno de la opulencia. Todos estos pensamientos erróneos se ven ahora elevados hacia el interior de la luz divina y se queman y reducen a cenizas en la hoguera del amor divino. Y han desaparecido.

Ahora das libremente la bienvenida y abrazas la verdad de que el dinero es energía, el dinero es bueno, la gente rica puede ser espiritual, eres digno de la abundancia, y la prosperidad es tuya. Por lo tanto, ahora te abres a recibir una avalancha de riqueza divina que entra en cascada en tu vida. Ahora te ves inundado por una alegría, amor, dinero, riqueza, gemas, joyas, lujos, posesiones, activos, metálico y cheques. La riqueza divina infinita proporciona una fuente interminable de activos y crédito.

Eres el beneficiario de un Dios cariñoso, y te atreves a prosperar, en este preciso momento y lugar. Ahora das la bienvenida al bien abundante que es tuyo por derecho divino. Ahora vives en la permanencia eterna de la opulencia de Dios. Ahora estás vinculado a la fuente ilimitada de profusión y circulación interminable de riqueza. Tienes todo el dinero que podrías necesitar circulando libremente ahora. La abundante prodigalidad del universo se materializa en tus asuntos económicos ahora. No hay límite para tu bien, que ahora fluye hacia ti tan suntuosa y plenamente que tienes un exceso de dinero para prestar y compartir. Todo y todos te hacen prosperar ahora, y tú haces prosperar a todos y todo ahora.

Ahora aceptamos completamente, en consciencia, tu abundancia y prosperidad divinas perfectas, o algo mejor, materializándose en tu vida ahora. Ahora le damos las gracias a Dios por tu riqueza y prosperidad ilimitadas. Gracias, Dios, y ASÍ ES.

Ahora, con gran gratitud en tu corazón, ha llegado el momento de salir de esta meditación… Manteniendo los ojos cerrados, sopla vigorosamente por lo menos cuatro veces como si estuvieras apagando velas… [Graba 15 segundos de silencio aquí]. Luego regresa al equilibrio interior y exterior, abre los ojos y repite en voz alta la siguiente afirmación positiva después de mí:

*ESTOY atento… ESTOY muy atento… ESTOY despierto…
ESTOY muy despierto… ESTOY equilibrado interior y
exteriormente… OSTENTO el control… SOY la única
autoridad en mi vida… ESTOY protegido divinamente… por la
luz de mi ser… Gracias, Dios, y ASÍ ES.*

TU BANQUERO DIVINO

Dios es la única fuente de toda la abundancia en el universo. Puedes acceder a esta fuente divina aceptando que siempre está disponible en tu interior. Esta afirmación positiva puede ser de ayuda. Pronúnciala en voz alta con confianza y convicción.

Dios es mi banquero divino y mi benefactor supremo.
Dios es el director de mis asuntos económicos.
Dios es mi gerente y mi asesor financiero.
Dios es mi contable, patrocinador y financiador.
Dios es mi jefe, mi empleador y mi empleado.
Ahora dejo en las manos de Dios
    mi talonario de cheques, mis activos, mi beneficio, mi estado
    financiero, mi compañía, mi lugar de trabajo, mi nómina,
    mis activos, y todos mis tratos económicos y de negocios.
Dios es la fuente de mi suministro ilimitado,
    que proporciona interminables riquezas y una riqueza excesiva,
    a través de canales de distribución divinos.

Siempre ESTOY respaldado por el tesoro divino infinito,
    que rellena mi cuenta bancaria eternamente.
Ahora doy la bienvenida, abrazo, acepto y recibo
    cantidades de dinero y una riqueza ilimitada
    inesperada, exorbitante, escandalosa y desmesurada
    sin esfuerzo y alegre, elegante e incesantemente,
    que fluyen hacia mi cuenta bancaria en forma de un chorro
    perpetuo.
La riqueza divina circula continuamente en mi vida,
    y siempre hay exceso abundante.
Prospero y tengo éxito en cada área de mi vida.

En Dios no hay carencia ni limitación.
Todos y todo me hacen prosperar ahora.
No dependo de ninguna otra persona ni condición para
    la prosperidad.

Dios en mi interior satisfice mis deseos y necesidades.
El amor divino, a través de mí, bendice y multiplica
   todo lo que SOY, todo lo que tengo,
   todo lo que doy y todo lo que recibo.
Gracias, Dios, y ASÍ ES.

VISUALIZACIÓN MÁGICA DEL DINERO

Esta visualización puede ayudarte a acceder al suministro infinito del Espíritu y poner de manifiesto una cantidad concreta de dinero. Graba la siguiente meditación en tu dispositivo, siéntate cómodamente en tu silla favorita, inicia la reproducción a un volumen bajo y sigue las instrucciones.

Si estás escuchando esto en forma de una grabación, cierra los ojos ahora y mantenlos cerrados durante la meditación hasta que te diga que los abras.

Paz, paz, quédate tranquilo... Quédate tranquilo y estate en paz... Paz perfecta, paz perfecta, perfecta, paz perfecta. Relájate, relájate, déjate ir. Relájate y estate en paz... Haz una gran respiración profunda de relajación. Inspira... y espira... Haz una gran respiración honda de abundancia. Inspira... y espira... Haz una gran respiración honda para profundizar. Inspira... y espira... Ahora relájate y respira con normalidad.

Ahora imagina, en tu mente, una cantidad concreta y alcanzable de dinero que quieras y necesites poner de manifiesto. Piensa en esa cantidad muy claramente y estámpala en tu imaginación... Genera una imagen lúcida en tu mente y ve la cifra frente a ti...

Ahora visualiza esa cantidad de dinero apareciendo en tu cuenta bancaria. Genera una imagen clara de tu extracto bancario, pantalla de ordenador o pantalla de tu cajero automático, e imagina que tu cantidad deseada aparece ahí... Estampa esta visión poderosa y vívidamente en la pantalla de tu mente... [Graba 10 segundos de silencio aquí].

Mientras visualizas esta cantidad apareciendo en tu cuenta bancaria, empieza a sentir cómo te relajas y el estrés abandona tu cuerpo... Haz una gran respiración profunda de relajación. Inspira... y espira...

Ahora respira con normalidad. Imagina la sensación de alivio, seguridad y confianza cuando el dinero está en tu cuenta… Haz una gran respiración honda de alegría. Inspira... y espira… Luego respira con normalidad… Ahora siente una gran sonrisa apareciendo… Te estás sintiendo muy feliz en tu interior… [Graba 10 segundos de silencio aquí].

Tu cuenta bancaria está ahora llena de esta cantidad de dinero. No sabes por qué ni cómo está aquí, pero ahí está. La ves en tu extracto bancario y estás agradecido y eres feliz… Ahora estás celebrándolo con júbilo y deleite…

Ahora tómate un momento para imaginar qué harás con este dinero. Visualiza amortizar deudas, saldar préstamos, comprar cosas que necesitas, hacer una inversión, empezar un negocio, hacer donaciones a organizaciones de beneficencia o dar dinero a familiares o amigos. Imagina lo maravillosamente que te sentirás mientras usas este dinero para satisfacer tus necesidades... O quizás decidas, simplemente, dejar el dinero en el banco… [Graba 10 segundos de silencio aquí].

Ahora haz una gran respiración profunda de alivio… Inspira… y espira… Haz otra gran respiración honda de felicidad. Inspira… y espira… Haz una gran respiración profunda para dejarte ir. Inspira… y espira… Ahora respira con normalidad… Sonríe y siente paz y alegría dentro de ti. Permanece en este estado de felicidad durante un momento… [Graba 10 segundos de silencio aquí].

Ahora, con gran gratitud en tu corazón, repite en voz alta después de mí: *Gracias, Espíritu… por este dinero en mi cuenta…* Ahora ha llegado el momento de salir de esta visualización… Manteniendo los ojos cerrados, sopla ahora aire vigorosamente por lo menos cuatro veces, como si estuvieras apagando velas… [Graba 15 segundos de silencio aquí]. Luego regresa al equilibrio interior y exterior, abre los ojos y repite la siguiente afirmación positiva en voz alta:

ESTOY atento… ESTOY muy atento… ESTOY despierto…
ESTOY muy despierto… ESTOY equilibrado interior y
    exteriormente… OSTENTO el control… SOY la única
    autoridad en mi vida… ESTOY protegido divinamente…
    por la luz de mi ser… Gracias, Dios, y ASÍ ES.

MANTRA DE «AMO EL DINERO»

Si odias el dinero o crees que es malvado, pecaminoso o perjudicial para tu crecimiento espiritual, eso bloqueará la prosperidad. Para cambiar tu actitud y amar el dinero, atrayendo así la riqueza, recita esta afirmación positiva en voz alta y con convicción.

SOY un poderoso manifestador del dinero.
Amo el dinero y el dinero me ama.
Llega a mí frecuentemente y siempre se queda conmigo.

SOY un poderoso manifestador del dinero.
Amo el dinero y el dinero me ama.
Se pega ahora a mí y siempre aumenta.

SOY un poderoso manifestador del dinero.
Amo el dinero y el dinero me ama.
El dinero es mi amigo y siempre está conmigo.

SOY un poderoso manifestador del dinero.
Amo el dinero y el dinero me ama.
Aumenta más y más,
y le doy la bienvenida con los brazos abiertos.

SOY un poderoso manifestador del dinero.
Amo el dinero y el dinero me ama.
Gracias, Dios, y ASÍ ES.

AFIRMACIÓN POSITIVA DE LA MÁQUINA DE DINERO

Esta afirmación positiva puede motivarte a encender una «máquina automática de dinero». Por supuesto, el dinero no cae del cielo. Además de redactar decretos, también necesitarás generar riqueza implicándote en acciones dinámicas.

SOY una máquina de dinero perpetua.
SOY un potente imán para el dinero.
Ahora veo el dinero apresurándose hacia mí eternamente,
Fluyendo en forma de un chorro interminable.
Prospero enormemente y nunca deseo nada,
*   ya que siempre ESTOY en la plenitud de la realización.*
Mi almacén siempre está lleno y rebosante,
*   continuamente rellenado y repleto de abundancia.*
Mi cuenta bancaria es un inmenso tesoro divino
*   que atrae a la riqueza, la mete en sus cofres,*
*   y la hace circular por el bien de toda la humanidad.*
Mis activos crecen día a día
*   mientras atraigo más y más riqueza y opulencia.*
Gracias, Espíritu, y ASÍ ES.

ORACIÓN DE JABES

La conocida oración bíblica de Jabes (1 Crónicas 4, 10) es una invocación poderosa para una riqueza copiosa y protección divina. Recita la oración en voz alta con confianza y convicción.

Oh, Dios me bendice verdaderamente y ensancha mi territorio. La mano de Dios está conmigo y Dios me libra de todo mal, de modo que yo no provoque dolor.

SANAR LA CARENCIA

Cuando tienes una fijación, te obsesionas y te quejas por la carencia, multiplicas la carencia. Insistir en las ideas negativas siembra el caos y provoca dificultades, pero esta «consciencia de la pobreza» no tiene por qué proseguir. Para tomar el mando sobre tu mente, recita esta afirmación positiva con convicción.

Invoco al Espíritu Santo, el espíritu de la verdad y la plenitud, para que ahora proyecte su luz de la verdad sobre todas y cada una de las formas, patrones y conceptos de pensamiento y los miedos de la carencia y las limitaciones. Allá donde haya una carencia de dinero, salud, amor, o de otro tipo, todos esos pensamientos limitantes y cargas son falsos. El Espíritu es pleno, el Espíritu nunca sufre carencia y el Espíritu está en mi interior. Por lo tanto, el Espíritu, a través de mí, nunca carece de nada que es bueno. El Espíritu, a través de mí, nunca limita mi bien.

Por lo tanto, ahora decreto que todo pensamiento erróneo de carencia, desesperanza, desesperación y pobreza son ahora cariñosamente sanados, elevados, disueltos, evaporados y el poder del Espíritu Santo les deja marcharse. Ahora son liberados de mi mente y se desvanecen en la nada, de donde proceden realmente. La energía esencial de estos pensamientos negativos es ahora cariñosamente transmutada, reciclada y reutilizada como energía pura por el Espíritu Santo con el objetivo de revelar la verdad.

Por lo tanto, ahora decreto la verdad. A través del poder del Espíritu Santo escojo una nueva positividad divina ahora. El Espíritu de mi interior ahora desarrolla formas de pensamiento, patrones de pensamiento y conceptos de pensamiento nuevos y prósperos en mi mente y mis sistemas de creencias. Ahora doy la bienvenida y acepto pensamientos sanos y creativos de riqueza ilimitada, plenitud infinita, felicidad, realización y amor. Sé que estos pensamientos son verdaderos para mí ahora. SOY un hijo rico de un Padre-Madre Dios y, por lo tanto, prospero extremadamente bien ahora.

Siempre tengo todo lo que necesito, y acepto la prosperidad divina. Mediante el poder del Espíritu en mi interior, ESTOY lleno de confianza y SOY ingenioso. El amor universal y la abundancia de Dios me mantienen lujosamente ahora y para siempre.

Ahora acepto plenamente en consciencia todo lo que he dicho, o algo mejor. Le doy las gracias a Dios por mi nueva riqueza, salud, abundancia, amor y felicidad ahora. Sé que esto es así ahora, por la luz de la verdad del Espíritu Santo. Gracias, Dios, y ASÍ ES.

REVERTIR LAS PÉRDIDAS ECONÓMICAS

Usa esta afirmación positiva siempre que sufras pérdidas económicas. Puede restaurar tu confianza y motivarte a recuperar las pérdidas y prosperar enormemente. Pronúnciala en voz alta con convicción, con un tono de voz lleno de confianza.

Ahora invoco a todos los seres divinos de luz para que me ayuden a dejar ir las devastadoras consecuencias de la pérdida económica. Invoco al Señor Ganesh para que abra la puerta a nuevas oportunidades.

Invoco a la diosa Lakshmi para que me bendiga con su ilimitada efusión de abundancia. Invoco al Señor Shiva para que disuelva todas las percepciones de ruina económica y devastación que he mantenido.

Ahora dejo ir, elevo y me desprendo de todas las convicciones, hábitos y condiciones limitantes que no me sirven. Elimino de mi mente la idea de que la prosperidad está desapareciendo o de que me empobreceré. Rechazo la idea de que mi cuenta bancaria esté menguando, de que el dinero sólo siga una dirección (alejándose de mí) o de que mi bien me esté siendo negado. Ahora elimino todas las convicciones de escasez, necesidad, carencia, falta, privación, adversidad y miseria. Rechazo la idea de que el dinero está disminuyendo y no se está reponiendo. Estas convicciones destructivas son sanadas, disueltas, liberadas, elevadas, bendecidas y se dejan ir de mi mente ahora cariñosamente. Todas estas ideas negativas son ahora quemadas y reducidas a cenizas en la hoguera del amor divino, y desaparecen.

Ahora doy la bienvenida al interior de mi corazón, mente, cuerpo y alma a pensamientos poderosos, positivos, prometedores y alentadores de abundancia, prosperidad, alegría, libertad, valentía, fortaleza, confianza, solidez, resiliencia, pensamiento ilimitado, poder ilimitado, creatividad ilimitada, amor divino y optimismo renovado.

Ahora veo, sé, doy la bienvenida y acepto en mi corazón, mente, cuerpo y alma que el dinero fluye hacia mi cuenta

bancaria como un chorro ilimitado que bendice mi vida con una
abundancia inagotable. Nada ni nadie se interpone entre mi bien
y yo. Todo lo que es bueno para mi mayor bien ahora acude a mí.
Ahora doy la bienvenida a la prosperidad divina y SOY apoyado
por la fuente todopoderosa ilimitada de la abundancia: el Espíritu
universal. Sólo hay unicidad. Donde hay unicidad nunca puede
haber privación, pérdida o carencia. Sólo hay la plenitud infinita
del Ser. Gracias, Espíritu, y ASÍ ES.

RESTAURAR TU BIEN

Si has sufrido pérdidas económicas, traiciones, puñaladas por la espalda o perjuicios, puedes activar la ley de la reparación divina recitando frecuentemente esta afirmación positiva en voz alta con confianza y convicción.

Sólo hay un poder en el universo: el poder del amor de Dios, que es
para mí y para todos. Por lo tanto, ningún poder podría ir nunca
contra mí ni contra nadie. Dios es infinito y perfecto, la fuente de
todo bien. Dios es armonía, alegría, expresión verdadera, plenitud
perfecta, bien divino y abundancia copiosa. Dios lo repara todo
divinamente en un orden correcto perfecto, en el lugar correcto
perfecto y con una elección perfecta del momento adecuado con
unos resultados correctos perfectos. SOY uno con el amor, la
armonía, la alegría, la compensación, la reparación, la
realización, la expresión verdadera, la plenitud perfecta, el bien
divino y la abundancia profusa de Dios.

Por lo tanto, sé y afirmo que la ley de la restauración
divina está plenamente activa en mi vida ahora, y todas las
bendiciones que son mías por derecho divino me son devueltas
ahora.

Ahora sé y acepto que todo el bien que fue y es mío por derecho
divino nunca me puede ser quitado. Sigue estando disponible, en
este preciso lugar y momento, en cualquier forma presente que sea
la mejor y la más inteligente para que la reciba.

Por lo tanto, todos y cada uno de los tipos de creencia de una pérdida aparente se ven ahora elevados, sanados, liberados y disipados de la memoria de mi mente y de mi alma. En su lugar, la mente divina piensa en la realización a través de mí, ahora y para siempre. Sé que la carencia siempre es una apariencia falsa. No hay carencia en la mente divina. Por lo tanto, nunca puedo perder mi bien. Dios inunda ahora mi ser interior y mi mundo exterior con una realización absoluta.

Ahora sé que todos los recuerdos de pérdida aparente, tanto en esta vida como en vidas pasadas, son ahora cariñosamente elevados y sanados por Dios, que SOY YO. Por lo tanto, ahora SOY fabulosamente rico en amor, dinero, alegría, felicidad y verdadera expresión personal. Ahora pongo de manifiesto mi verdadero lugar, con mi verdadera gente, en mi verdadero entorno. Tanto bien llena cada aspecto de mi ser que esta realización revierte ahora todos y cada uno de los vacíos o pérdidas aparentes. Todo lo diseñado para mí por derecho divino, pero que aparentemente me ha sido quitado, me es ahora devuelto de cualquier forma que sea para mi mayor bien.

SOY llenado de una nueva consciencia de autoestima y realización. Por lo tanto, sé y acepto que merezco mi mayor bien radiante, que ahora inunda mi vida en forma de ricas bendiciones. Las bendiciones que son para mí por derecho divino se ponen ahora de manifiesto mediante los resultados perfectos de la ley de la restauración divina. Acojo, acepto y recibo plenamente la devolución de mi bien acumulado en mente, cuerpo y asuntos en este preciso momento. Todas las puertas del bien están abiertas para la entrada y salida libre de bendiciones divinas radiantes y abundantes ahora. Dios siempre me dice que sí, incondicionalmente.

Acepto plenamente en consciencia todo lo que he dicho, o algo mejor, que se imagine en mi vida con un orden y una elección del momento adecuado divinos ahora. Doy las gracias a Dios por poner de manifiesto este bien ahora, bajo la gracia de las propias formas sabias y perfectas de Dios. Gracias, Dios, y ASÍ ES.

MANTRA DE LAKSHMI KUBERA

El Señor Kubera, perteneciente a la religión hinduista, es el banquero de los dioses, el señor de la riqueza y el otorgante de la fortuna. Se dice que reside en el extremo occidental del Tíbet, en la montaña sagrada Kailasa (el monte Meru, la morada del Señor Shiva), el Axis Mundi (el punto en el que se unen el cielo y la tierra), donde vive bajo tierra y custodia tesoros ocultos.

Recita este mantra para invocar las bendiciones de Kubera, abrir el chorro de riquezas y extraer nuevas formas de opulencia. Para pronunciar el mantra correctamente, visita el canal de YouTube Rajshri Soul y busca «Lakshmi Kuber Mantra 108 Times | Kuber Gayatri Mantra» («Mantra de Lakshmi Kuber 108 veces | Mantra de Kuber Gayatri»).

Om Yakshaya Kuberaya Vaishravanaya Dhana
Dhanyadhipathaye Dhanadhanya Samruddhimeh
Dehi Dehi Dabhaya Swahah

MANTRA DE LA YAKSHINI VIKALA

Se cree que treinta y seis Yakshini custodian el tesoro escondido bajo tierra de Kubera, el señor de la riqueza. Estas jóvenes, atractivas y encantadoras diosas de la belleza y el lujo alegran los sentidos, deleitan el cuerpo y garantizan deseos materiales. La Yakshini llamada Vikala es «la que da el fruto deseado».

Recitando este mantra, se dice que la Yakshini Vikala aparecerá y te garantizará tu deseo. Empieza el día después de la Luna nueva. Especifica claramente el objetivo que deseas. La recomendación consiste en cantar el mantra diez mil veces por noche durante tres meses. Yo simplemente te diría que lo hagas lo mejor que puedas.

Para pronunciar el mantra visita el canal de YouTube Tantrapsychic Gagandeep Khosa y busca «Vikala (Vikla) Yakshini Mantra/Magic» («Mantra/magia de la Yakshini Vikala (Vikla)») y ve al minuto 13:24.

Om Vikale Ayeem Hreem Shreem Klaem Swaha

MANTRAS DE LA DIOSA LAKSHMI

Shri Lakshmi es la diosa hindú de la riqueza. La raíz sánscrita *laksha* significa «objetivo», y aceptar un *laksha* significa apuntar a un objetivo. Por lo tanto, recitar los «mantras para el dinero» de la diosa Lakshmi te ayuda a alcanzar las metas que te has propuesto, atrae la riqueza, la buena fortuna y la prosperidad económica, genera tranquilidad, potencia la creatividad, mantiene a raya a las influencias negativas y trae consigo ascensos, beneficios, clientes y consumidores.

La diosa Lakshmi garantiza una salud, riqueza, relaciones y felicidad abundantes. Ella otorga pureza, integridad, virtud, sabiduría, iluminación, comprensión, bondad, verdad, serenidad y equilibrio. Sus cuatro manos representan el *dharma* (rectitud), el *artha* (riqueza), el *kama* (deseo) y el *moksha* (liberación espiritual). Sostiene flores de loto, que simbolizan la belleza y la consciencia.

Para aprender cómo pronunciar los mantras correctamente, visita la página web «Vedic Mantra» («Mantra védico») (vedicrishi.in/mantra) y clica en «Lakshmi Mantra» («Mantra de Lakshmi») en la barra de navegación superior, a la derecha. Ahí encontrarás fragmentos de audio de varios mantras de Lakshmi. El viernes es el mejor día para cantar los mantras de Lakshmi.

SHODASHOPACHARA VIDHI
PARA MAHALAKSHMI

Este mantra se usa en una ceremonia ritual llamada Lakshmi Puja Vidhi o Shodashopachara Puja. Cantando este mantra 125 000 veces puedes atraer la opulencia.

Om Shring Hring Kling Tribhuvan Mahalakshmyai
Asmaakam Daaridray Naashay Prachur Dhan
Dehi Dehi Kling Hring Shring Om

DIWALI LAKSHMI MANTRA

Tradicionalmente, los mantras se cantan una *mala* (contando 108 repeticiones con las cuentas de un rosario), tres *mala* (324 veces), o veintiuna *mala* (2268 veces). Se recomienda cantar este mantra veintiuna *mala* durante la fiesta india del Diwali, un festival de luces dedicado a la diosa Lakshmi. Esta fiesta otoñal celebra el triunfo del bien sobre el mal y de la luz sobre la oscuridad.

Om Shring Hring Kling Aing Saung Om Hring Ka
A Ee La Hring Ha Sa Ka Ha La Hring Sakal Hring
Saung Aing Kling Hring Shring Om

MANTRA COTIDIANO DE LAKSHMI

Este mantra debe cantarse de camino al trabajo o antes de irse del trabajo. Cantar este mantra elimina las preocupaciones y trae riqueza a tu hogar.

Om Hring Shring Kreeng Shring Kreeng Kling
Shring Mahaalakshmi Mam Grihe Dhanam
Pooray Pooray Chintaayai Dooray Dooray Swaha

MANTRA DE MAHA LAKSHMI

Recita este mantra para recibir bendiciones de la madre Mahalakshmi para conseguir fortuna, medrar y obtener riqueza y prosperidad.

Om Sarvabaadhaa Vinirmukto, Dhan Dhaanyah Sutaanvitah
Manushyo Matprasaaden Bhavishyati Na Sanshayah Om

Aquí tenemos la traducción:
Oh, gran diosa Lakshmi, destruye, por favor, todo el mal y bendícenos con un futuro brillante y próspero.

MANTRA DE LAKSHMI GAYATRI

Este mantra puede iluminar tu mente, incrementar tu despertar espiritual y amplificar la abundancia material. Recítalo para obtener prosperidad, éxito y logros.

Om Sri Mahalakshmyai Cha Vidmaahe Vishnu
Patnayai Cha Dheemahi Tanno Lakshmi
Prachodayat Om

Aquí tenemos la traducción:
Nos postramos ante ti, oh, diosa Lakshmi, que eres la gloria y eres la esposa de Vishnu. Bendícenos, por favor, con intelecto, fortuna y prosperidad.

MANTRA DE LAKSHMI BIJ

Usa esta *bij* («semilla») de mantra de Lakshmi para atraer la riqueza, la buena fortuna y para florecer en la prosperidad y la abundancia. La semilla «Shring» es el mantra más poderoso relacionado con la diosa Lakshmi.

Om Shring Shriye Namah

MANTRA DE MAHA LAKSHMI YAKSHINEEVIDYA

Una de las Yakshini, descrita en la página 114, es la gran diosa Lakshmi. Aquí tenemos un mantra para Lakhsmi en su forma Yakini como la otorgadora de deseos.

Om Hring Kling MahaLakshmyai Namah

MANTRA DE SIDDHLAKSHMI

Este mantra que confiere dicha invoca a la diosa Lakshmi como ser perfeccionado que otorga felicidad, salud y riqueza. Para una pronunciación adecuada, visita el canal de YouTube Bhajan India YouTube y busca «Siddhlaxmi Mantra (Mantra de Siddhlaxmi): Om Hreem Shreem Kleem Siddhlaxmi Swaha».

Om Hreem Shreem Kleem Siddhlakshmi Swaha

SRI DAKSHINA LAKSHMI STOTRAM

Este himno de doce nombres sagrados de Shri Lakshmi suele cantarse al entrar en un nuevo hogar. Solicita a la diosa que permanezca en tu hogar permanentemente, que te otorgue fama, conocimiento, valentía, fortaleza, victoria, buenos hijos, valor, oro, joyas, abundantes cereales, felicidad, dicha, inteligencia, belleza, una mente superior, meditación, moralidad, ética, buena salud y una larga vida.

Para pronunciar el siguiente himno correctamente, visita el canal de YouTube Bhakthi Malika y busca «Dakshina Lakshmi Stotram: Goddess Mahalakshmi Songs» («Canciones de la diosa Mahalakshmi»).

Trilokya Poojithe Dhevee Kamala Vishnu Vallabhe
Yaya Thawam Achalaa Krishne Thathaa-bhava Mayee Sthiraa
Kamala Chanchala Lakshmi Chalaa Bhoothir Hari Priya
Padma Padmalayaa Samyak Uchai Shri Padma-dharini
Dwada-saithani Naamani Lakshmi Sampoojya Ya Padeth
Sthiraa Lakshmir Bhaved Thasya Puthra-dhara Abhi-saha
Ithi Shri Dakshina Lakshmi Stotram Sampoornam

Aquí tenemos la traducción:
¡Oh, Devi!, tú eres adorada en los tres mundos. Oh, Kamala, consorte del señor Vishnu, consorte del señor Krishna, sé, por favor, estable y quédate conmigo permanentemente. Oh, Kamala, la inestable;

118

oh, Lakshmi, diosa que te mueves, diosa de la prosperidad; oh, querida de Hari; oh, Padma, diosa que habita en el loto, diosa que es agradable, diosa eminente, diosa de la riqueza, diosa que sostiene un loto. Después de adorar a la diosa Lakshmi, quienquiera que recite estos doce nombres sagrados a diario con devoción, fe y concentración, recibe bendiciones y todos los placeres. Él o ella tendrá un cónyuge y un hijo. La diosa Lakshmi se quedará en su hogar permanentemente.

TERCERA PARTE

SALUD ILIMITADA

CAPÍTULO 11

Salud física próspera

«El hombre... sacrifica su salud para ganar dinero. Luego sacrifica dinero para recuperar su salud».

Dalái Lama

Tu cuerpo puede tener una buena salud perfecta. Emplear los poderosos métodos de meditación y de afirmación positiva de este capítulo puede cultivar una fortaleza abundante y fomentar una profusa salud física y bienestar.

AFIRMACIÓN POSITIVA PARA UNA VIDA DE ABUNDANCIA

Para aportar una mayor energía de fuerza vital a tu mente y cuerpo y tus asuntos, recita esta afirmación positiva en voz alta con fe, confianza, sinceridad y convicción.

HE visto que puedo tener una vida,
y que puedo tener una vida con una mayor abundancia.

SOY la resurrección y la vida,
me baño continuamente en el manantial ilimitado
de la energía dadora de vida y vigorizante de Dios.
SOY la vida eterna que es Dios.
Bendigo mi cuerpo y amo cada célula.
Gracias, Dios, y ASÍ ES.

MEDITACIÓN DE LA LUZ FLAMEANTE

Esta meditación puede traer luz divina brillante a tu campo de energía. Cuanta más luz irradias, más feliz y sano te vuelves y más gente quiere estar cerca de ti. Con una mayor influencia, más éxito puede cruzarse en tu camino. Graba la siguiente meditación en tu dispositivo. Luego siéntate cómodamente y empieza a reproducirla a un volumen bajo.

Si estás escuchando esto en forma de una grabación, cierra ahora los ojos y mantenlos cerrados a lo largo de la meditación hasta que te diga que los abras.

Paz, paz, quédate tranquilo. Quédate tranquilo y estate en paz. Paz perfecta, paz perfecta, perfecta, paz perfecta. Quédate tranquilo y estate en paz... Relájate, relájate, déjate ir y estate en paz... Déjate ir, déjate ir, déjate ir, déjate ir, deja que Dios entre... Haz una respiración profunda de relajación. Inspira... y espira... Haz una respiración honda de luz divina. Inspira... y espira... Haz una respiración profunda de energía abundante. Inspira... y espira... Haz una gran respiración honda para profundizar más. Inspira... y espira... Ahora relájate y respira con normalidad.

Visualiza una esfera brillante de luz divina encima de tu cabeza... Esta luz divina irradia una esfera hermosa, reluciente y exquisita de gran esplendor... Esta luz es suave, amorosa y reconfortante...

Ahora imagina un rayo de esta luz entrando por tu coronilla. Este rayo fluye ahora en sentido descendente a través de tu cabeza y entonces brilla hacia abajo, a través de la línea media de tu cuerpo, recorriendo todo el camino, bajando, hasta la base de tu columna vertebral...

Ahora nota cómo este rayo de luz empieza a brillar e irradiar luz divina en tu ser... El rayo de luz empieza a vibrar y a expandirse mientras se hace más intenso y potente… Percibe cómo tus centros de energía se iluminan ahora, en la base de tu columna vertebral, en tu pelvis…, ombligo…, corazón…, garganta… y frente… mientras empiezan a emitir esa luz hermosa y resplandeciente en forma de pulsos…

Ahora percibe cómo la luz empieza a expandirse y expandirse… Está irradiando de forma cada vez más brillante mientras empieza a llenar todo tu cuerpo con una luz resplandeciente… Desde tu coronilla hasta las puntas de los dedos de tus pies, tu cuerpo está iluminado con una luz refulgente, centelleante y deslumbrante…

A medida que la luz se expande todavía más, ahora llena tu cuerpo y lo rodea. Entonces incrementa su intensidad y se esparce más allá de los límites de tu cuerpo… Brilla y vibra a través de tu campo de energía… Todo tu campo del aura está iluminado por luz deslumbrante divina… Eres como una bombilla de un millón de vatios, emitiendo la luz del Espíritu en forma de pulsos… Eres un magnífico ser de luz, elevando, elevando, elevando y elevando tu vibración a frecuencias cada vez más altas…

La energía de la luz en tu interior y a tu alrededor ha aumentado hasta la vibración más alta que puedas disfrutar cómodamente… Ahora resplandeces con energía divina, y estás lleno de fulgor divino…

Ahora repite la siguiente afirmación positiva en voz alta y con un tono de voz potente: *La luz de Dios me rodea… El amor de Dios me envuelve… El poder de Dios me protege… La presencia de Dios me cuida… Allá donde ESTOY, Dios está… y TODO ESTÁ BIEN…*

Ahora, con gran alegría y júbilo en tu corazón, es el momento de salir de esta meditación… Manteniendo los ojos cerrados, ahora sopla vigorosamente cuatro veces, como si estuvieses apagando velas… [Graba 15 segundos de silencio aquí]. Luego sopla y apaga otras cuatro velas antes de abrir los ojos y regresa al equilibrio interior y exterior [Graba 10 segundos de silencio aquí]. Repite, con los ojos abiertos, la siguiente afirmación positiva en voz alta:

*ESTOY atento… ESTOY muy atento… ESTOY despierto…
ESTOY muy despierto… ESTOY equilibrado interior y
exteriormente… OSTENTO el control… SOY la única*

autoridad en mi vida… ESTOY protegido divinamente… por la luz de mi ser… Gracias, Dios, y ASÍ ES.

EJERCICIO PARA LA ENERGÍA VITAL

La energía de la fuerza vital, conocida en India como *prana* y en China como *chi*, es absorbida a través de la luz del Sol, el aire, el agua y la comida. Con una profusión de *prana* fluyendo libremente a través de tu cuerpo sutil, eres abundantemente vibrante, carismático y atractivo. Exudas energía positiva abundante, una buena salud, bienestar y felicidad. Aquí tenemos un método para incrementar ese flujo de *prana*.

Primero bebe un vaso de agua pura de manantial u otro tipo de agua pura. Luego cierra los ojos e imagina que el *prana*, inherente al agua, está siendo ahora absorbido y distribuido por todo tu cuerpo.

A continuación, toma una pieza de fruta y mastícala lenta y concienzudamente hasta que se vuelva líquida. Luego trágala, cierra los ojos e imagina que el *prana* de la fruta está ahora fluyendo por todo tu cuerpo.

Luego date un chapuzón en una piscina, un lago, el océano o cualquier otra masa de agua al aire libre; o métete en una bañera o en una ducha. Sumérgete completamente en el agua, incluyendo la cabeza. Mientras estás sumergido, imagina que el *prana* del agua es ahora absorbido a través de cada poro de tu cuerpo.

Después de secarte, túmbate boca arriba al aire libre, al sol y sobre una superficie cómoda. Coloca las palmas de tus manos sobre tu abdomen. Luego imagina que el *prana* de la luz del Sol está ahora brillando hacia el interior de cada poro de tu cuerpo.

Al mismo tiempo, empieza a respirar hondo hacia el interior de tu abdomen. Percibe cómo tu vientre sube y baja mientras respiras rítmicamente hacia la profundidad del interior de tu abdomen. Relájate completamente y sigue respirando hondo.

Con cada inspiración, imagina que estás absorbiendo *prana* del aire y almacenándolo en el centro de energía de tu ombligo (el *chakra* del ombligo). Con cada espiración, imagina que el *prana* circula por todo tu cuerpo. Inspira mientras almacenas *prana* en tu *chakra* del ombligo.

Espira mientras el *prana* vigoriza, renueva, sana y eleva la frecuencia vibratoria de cada célula. Continúa con este ejercicio de respiración durante por lo menos diez minutos.

Por último, si lo deseas, puede que disfrutes dando un paseo, haciendo algo de ejercicio al aire libre o meditando durante algunos minutos.

EL ALIENTO DE LA VIDA DE ABUNDANCIA

Puedes incrementar el flujo de copiosa energía de la fuerza vital a través de tu cuerpo físico y tu cuerpo sutil practicando un sencillo ejercicio de respiración que puede energizarte y proporcionarte abundante salud y bienestar. Aquí tenemos cómo practicarlo:

Siéntate erguido. Cierra el orificio nasal derecho con el pulgar derecho. Espira total y completamente por el orificio nasal izquierdo, contrayendo el vientre y el pecho. Luego inspira total y completamente por el orificio nasal izquierdo mientras expandes el vientre y el pecho. A continuación, cierra tu orificio nasal izquierdo con los dedos medio y anular de la mano derecha y espira de inmediato total y completamente por el orificio nasal derecho, contrayendo el vientre y el pecho. Luego inspira total y completamente por el orificio nasal derecho, expandiendo el vientre y el pecho. Después cierra inmediatamente el orificio nasal derecho con el pulgar derecho de nuevo y repite el proceso. Haz esto entre quince y veinte veces.

Cuando practicas este ejercicio, tu respiración se vuelve regular y profunda, tu salud mejora, tu cuerpo se vuelve más liviano y tus ojos brillan. Los beneficios para la salud incluyen la reducción del estrés, tranquilidad, un ritmo cardíaco más lento y una menor presión sanguínea.

CAPÍTULO 12

Salud mental próspera

«No es el hombre que tiene muy poco, sino el hombre
que ansía más, el que es pobre».

Lucio Anneo Séneca

En este capítulo practicarás métodos que harán aumentar la estabilidad mental, la entereza, la ecuanimidad y el bienestar. Cuando irradias un estado de ser centrado, sensato y pacífico, atraes la prosperidad.

OPTIMISMO ILIMITADO

Tu estado mental se ve reflejado en tu vida. Independientemente de lo que creas, lo conseguirás. Independientemente de aquello con lo que tu mente se mortifique, eso se pondrá de manifiesto. Si tu actitud es optimista, disfrutarás de felicidad y prosperidad. Es así de sencillo. Aquí tenemos una afirmación positiva para expandir el optimismo. Repítela en voz alta con un tono de voz fuerte, con convicción y positividad.

Mi vida está llena de luz.
Mi vida está llena de alegría.
SOY un ser de luz radiante.
SOY feliz y ESTOY satisfecho.
Expreso mi gratitud y agradecimiento
*   por todas las bendiciones que recibo a diario.*
Siempre veo el lado bueno de la vida.
Veo milagros a cada momento.
Veo lo mejor en todo y en todos.
Veo el universo como un lugar benevolente.
ESTOY seguro y a salvo.
Siempre busco soluciones positivas.
Mi mente es un manantial infinito de creatividad.
La respuesta a todo está en mi interior.
ESTOY en paz.
Gracias Dios, y ASÍ ES.

REFLEXIÓN SANA

Tu vida se ve moldeada por tu estado mental. Cada pensamiento que te pasa por la mente, momento a momento, determina tu destino. Por lo tanto, es esencial mantener una actitud mental sana. Siempre que estés deslizándote hacia un estado mental negativo, céntrate, en lugar de en ello, en la gratitud. Recita la siguiente afirmación positiva en voz alta para cambiar tu estado de ánimo.

Mi mente se ve ahora limpiada de todas las ideas, hábitos
y condiciones limitantes.
Gracias, Dios, por las ideas y visiones nuevas, positivas, poderosas
*   y creativas.*
Mi mente está llena de gratitud por cada precioso momento.
Gracias, Dios, por mi salud, felicidad y bienestar.
Mi mente está llena de gratitud por la inagotable abundancia
*   de Dios.*
Gracias, Dios, por el aire, el alimento y el agua que me dan vida.

Mi mente está llena de gratitud por cada persona a la que conozco.
Gracias, Dios, por mis amigos, seres queridos y colegas.
Mi mente está llena de gratitud por todos mis maestros.
Gracias, Dios, porque todo aquél con quien me encuentro
* es mi maestro.*
Mi mente está llena de gratitud por todo lo que aprendo día a día.
Gracias, Dios, por mostrarme un espejo de mí mismo.
Mi mente está llena de gratitud por el amor y la gracia de Dios.
Gracias, Dios, por mi dichosa conexión contigo.
Ahora doy las gracias a Dios por todo esto y por muchas más cosas.
Gracias, Dios, y ASÍ ES.

AFIRMACIÓN POSITIVA PARA DEJAR IR

Cuando te aferras al pasado, tu mente subconsciente está abarrotada de energías deprimentes y arraigadas. Para generar un vacío en el que pueda fluir la abundancia, para cultivar una frecuencia mental más refinada y para establecer el orden divino, recita esta afirmación en voz alta con confianza y convicción.

Mediante el poder del Espíritu Santo
* y mi consciencia de Dios permanente,*
*   me desprendo de cosas agotadas, de condiciones desesperadas,*
*   ideas inútiles y relaciones fútiles ahora.*
El orden divino correcto, la cadencia adecuada y unos resultados
*   correctos son ahora establecidos y mantenidos*
*   en mi mente, cuerpo, relaciones, finanzas, en todos mis asuntos*
*   y en mi mundo.*
La circulación divina está en funcionamiento en mi vida,
*   y la simetría de la entada y la salida*
*   de todo en mi vida se encuentra en orden divino.*
Mi vida se establece ahora en un orden sublime.
En perfecto equilibrio, ecuanimidad y estabilidad.
ESTOY en paz, sereno y sosegado.
Gracias, Dios, y ASÍ ES.

AFIRMACIÓN POSITIVA PARA EL PERDÓN

La falta de perdón bloquea la prosperidad. Te une a traumas y resentimientos pasados. El verdadero perdón a ti mismo, a los demás y a las situaciones de la vida sana y eleva tu consciencia rápida y profundamente. Para aportar sanación, recita esta afirmación positiva en voz alta con un tono de voz claro y convicción.

Mediante y a través del poder del Espíritu Santo,
   ahora sé y decreto, en este preciso momento y lugar,
   que todo lo que aparentemente me ha ofendido o retenido,
   ahora lo perdono y lo dejo ir, tan profundamente como pueda.
Todo lo que hay en mi interior y a mi alrededor,
   ahora lo perdono y lo dejo ir, tan profundamente como pueda.
Cosas pasadas, cosas presentes y todas las cosas futuras,
   ahora las perdono y las dejo ir, tan profundamente
   como pueda.
Lo perdono y dejo ir todo y a todos, por doquier,
   que posiblemente necesite de perdón o liberación.
Esto incluye perdonarme a mí mismo.
Absolutamente a todos y a todo, por doquier,
   pasado, presente y futuro,
   que posiblemente necesitarían perdonarme y dejarme ir,
   incluyéndome a mí mismo, lo hacen ahora.
Esto se lleva a cabo ahora por y a través del poder
   del perdón perfecto de Dios en mi interior,
   y el perdón perfecto de Dios en el interior de todos nosotros.
SOY ahora libre y todos los demás implicados son ahora libres.
Por lo tanto, todas las cosas son completamente despejadas
   entre todos nosotros, ahora y para siempre.
Gracias, Dios y ASÍ ES.

CAPÍTULO 13

Salud espiritual próspera

«Las promesas de protección de Dios nunca te rebotan como un cheque son fondos. Él siempre está mirando».

NAIDE P. OBIANG

En este capítulo practicarás métodos que fomentan la higiene espiritual y proporcionan protección divina. Cuando tu campo de energía se limpia, es claro y está libre de influencias negativas, te vuelves más despierto espiritualmente y atraes el éxito y la prosperidad en cada área de tu vida.

LIMPIEZA CON LA LLAMA VIOLETA

Al invocar a la llama violeta de Saint Germain, puedes sanar tu mente, borrar las heridas pasadas y diseñar conscientemente un nuevo destino con una conciencia espiritual superior. Recitar esta afirmación positiva en voz alta con un tono de voz lleno de confianza y con convicción puede aportar una salud espiritual abundante.

Cierro todas las puertas, aberturas y agujeros hacia
   mi pasado ahora.
Toda experiencia, meollo, registro, recuerdo y efectos
   se ven transmutados y transformados en forma de puro amor
   y luz por la llama violeta de la transmutación ilimitada.
Tengo una pizarra blanca completamente limpia en la que
   escribir nuevas experiencias.
SOY transformado por la renovación de mi mente,
   en este preciso momento.
ESTOY vibrando a una frecuencia tan elevada de amor,
   que SOY libre de todas las cargas pasadas y falsas
   responsabilidades.
Mi Yo superior es un dios-diosa de gran amor, luz y gloria,
   encarnado en forma humana y carne humana.
Gracias, Dios, y ASÍ ES.

INVOCACIÓN DEL ARCÁNGEL MIGUEL

Invocar a la espada de llama azul del arcángel Miguel y a las alas de
llama azul de sus ángeles del Rayo Azul puede aportar fuerza espiritual
y protección divina. Para eliminar energías negativas, fuerzas oscuras y
frecuencias bajas, recita esta afirmación positiva en voz alta y con convicción.

En nombre de la poderosa frecuencia del «YO SOY»
   en mi interior,
   invoco ahora al arcángel Miguel
   para que emerja de su hermosa nube azul,
   volando con sus alas azules de poder en una corriente divina,
   vistiendo una armadura completamente dorada y una capa
   escarlata, blandiendo su espada de llama azul de la verdad,
   compuesta de partículas de luz azul que emiten pulsos
   de fuego azul.
La punta de su espada representa el borde cortante de la voluntad
   divina.

Sus ojos irradian amor divino y su corazón exuda energía divina.
Llamas de color escarlata y naranja emiten ondas de amor
*   desde su ser.*
Ahora invoco al arcángel Miguel
*   para que se sitúe en el interior, encima, debajo, a la izquierda,*
*   a la derecha, delante, detrás y a todo mi alrededor.*
Ahora invoco a su espada de llama azul de la verdad
*   y a las alas de llama azul de sus legiones*
*   de ángeles de Rayo Azul,*
*   para que cancelen, anulen, disuelvan, liberen, eleven y dejen*
*   ir todas las maldiciones, hechizos, maleficios y otras desgracias*
*   que han reducido o dañado mi campo de energía*
*   en esta vida y en cualquier otra vida.*
Y que sanen, perdonen, bendigan, liberen y eleven
*   a todos los espíritus mundanos, espíritus impostores*
*   y seres demoníacos que me han influido, drenado, usado*
*   o controlado y que me protejan de todas las energías*
que podrían dañarme, ya sean conocidas o desconocidas,
*   físicas o no físicas.*
Ahora invoco al Arcángel Miguel
Para que sea mi ángel siempre presente de protección divina.
Gracias, Dios, y ASÍ ES.

ESCUDO DE PROTECCIÓN INEXPUGNABLE

Esta meditación puede ayudarte a construir un pilar de fuego blanco y un muro de llamas azules que te proporcionen seguridad y protección, que eliminen influencias inadecuadas, limpien edificios, creen un espacio sagrado, armonicen tu campo de energía, desarrollen fortaleza interior y cultiven equilibrio espiritual. Graba lo siguiente en tu dispositivo y luego siéntate cómodamente en tu silla favorita e inicia la reproducción a un volumen bajo.

Si estás escuchando esto en forma de una grabación, cierra ahora los ojos y mantenlos cerrados a lo largo de la meditación hasta que te diga que los abras.

Repite la siguiente afirmación positiva después de mí:

Ahora invoco… a la poderosa presencia del «YO SOY»… el Espíritu Santo… y al arcángel Miguel… para que construyan un pilar invencible… de protección y abundancia a mi alrededor…

Ahora imagina en tu mente un pilar cósmico de fuego blanco hecho de puro amor y abundancia ilimitada. Este pilar de energía cósmica habita a gran altura sobre ti en un plano espiritual purificado… Este pilar, en forma de espiral en sentido horario, empieza a descender hacia el plano terrestre por encima de tu cabeza… Rayos de fuego blanco entran ahora a través de tu cabeza y discurren en espiral en el interior y alrededor de tu cuerpo…

Mientras inspiras, aspira el fuego blanco hacia el interior de tu glándula pineal, en el centro de tu cabeza… Esto activa tu tercer ojo, haciendo que brille… Mientras espiras, ve la luz irradiar hacia el exterior para bendecir a todos y a todo en el universo con luz divina pura… Haz unas cuantas respiraciones así… [Graba 15 segundos de silencio aquí].

Ahora, mientras inspiras, aspira el fuego blanco hacia el interior de tu corazón… Esto activa tu corazón y hace que refulja con amor divino… Mientras espiras, ve el amor irradiar hacia fuera para bendecirlo todo en el universo con amor divino puro… Haz unas cuantas respiraciones así… [Graba 15 segundos de silencio aquí].

Luego, mientras inspiras, aspira el fuego blanco hacia el interior de la base de tu columna vertebral… Esto activa tu chakra de la raíz y te asienta… Mientras espiras, ve cómo esta energía asentadora irradia hacia el exterior para bendecirlo todo en el universo con abundancia divina… Haz unas cuantas respiraciones así… [Graba 15 segundos de silencio aquí].

Sigue inspirando el fuego blanco y visualiza cómo impregna tus centros de energía: la base de tu columna vertebral…, tu pelvis…, ombligo…, corazón…, garganta…, frente… y encima de tu cabeza. Imagina este pilar de fuego impregnando, llenando, rodeando y abarcando tu cuerpo y tu campo de energía…

Ahora imagina un segundo pilar de fuego blanco en el centro de la Tierra... Ese pilar se desplaza hacia arriba, hacia tu cuerpo, moviéndose en espiral en sentido antihorario, hasta que conecta con el pilar de fuego blanco que impregna tu cuerpo...

Más y más energía del fuego blanco se desplaza ahora en espiral alrededor de tu cuerpo y aumenta de intensidad... Un pilar invencible de fuego blanco flameante abarca ahora todo tu campo de energía... El pilar es como un vaso de agua transparente e irrompible, y el fuego blanco es como agua que se mueve como un remolino llenando el vaso hasta el borde... Esta armadura refulgente de fuego blanco te sana y protege, te proporciona fuerza y atrae el éxito y la prosperidad.

Ahora repite después de mí la siguiente afirmación en voz alta:

Ahora invoco al arcángel Miguel... y sus legiones de ángeles de Rayo Azul... para que rodeen mi pilar de fuego blanco... con un muro de llamas azules... para que me protejan de todas las energías inapropiadas...

Ahora visualiza, en tu mente, al arcángel Miguel vistiendo una armadura dorada, blandiendo su espada de llama azul de la verdad... Mientras su espada te apunta, una poderosa llama azul refulge en tu dirección y engloba tu pilar de fuego blanco con un muro invencible de llamas azules...

Ahora imagina a seis ángeles de Rayo Azul alados, vestidos con una armadura azul, blandiendo espadas de llama azul, rodeándote y custodiándote por cada lado: uno en cada dirección (este, oeste, norte, sur, encima y debajo)...

Ahora recita el siguiente decreto en voz alta, con un tono de voz potente:

Llama azul del arcángel Miguel..., haz resplandecer tu fuego de protección... encima de mí, debajo de mí..., a mi derecha, a mi izquierda... y a todo mi alrededor... Ángeles de Rayo Azul..., rodeadme y custodiadme... con vuestro muro de llamas azules... que me protege allá donde vaya... ahora y siempre...

Ahora, con gran gratitud en tu corazón, ha llegado el momento de salir de esta meditación… Manteniendo los ojos cerrados, ahora sopla vigorosamente por lo menos cuatro veces como si estuvieras apagando velas… [Graba 15 segundos de silencio aquí]. Luego regresa al equilibrio interior y exterior, abre los ojos, y repite la siguiente afirmación positiva en voz alta:

ESTOY atento… ESTOY muy atento… ESTOY despierto… ESTOY muy despierto… ESTOY equilibrado interior y exteriormente… OSTENTO el control… SOY la única autoridad en mi vida… ESTOY protegido divinamente… por la luz de mi ser… Gracias, Dios, y ASÍ ES.

AFIRMACIÓN POSITIVA DEL FUEGO VIOLETA

El maestro ascendido Saint Germain es el rey del reino del tesoro divino. Como alquimista, puede precipitar cualquier cosa de los éteres. Como ser inmortal, vive por siempre en un cuerpo de luz, nunca envejece y nunca muere. Puedes leer acerca de él en mi libro *Ascensión: conectando con los maestros inmortales y los seres de luz.*

La llama violeta de Saint Germain es una fuerza purificadora que elimina la energía negativa y proporciona sanación, sabiduría y prosperidad. Para activarla, recita esta afirmación positiva en voz alta con un tono de voz potente y con confianza.

Ahora invoco a Saint Germain para que encienda su llama violeta en mi corazón. Esta llama fluye desde el Espíritu divino y refulge cada vez más brillantemente y cada vez se hace mayor, hasta que llena, impregna, baña y rodea mi cuerpo, mente, aura y campo de energía. Esta llama violeta incontenible quema toda discordia hasta reducirla a cenizas, y me rodea con una armadura de luz brillante de protección divina.

La poderosa llama violeta ahora sana y eleva todos los archivos de vidas pasadas y de vidas en otras dimensiones, y todos los recuerdos conscientes e inconscientes que han interferido con mi despertar espiritual y mi prosperidad. Esta luz violeta purificadora quema y reduce ahora a cenizas todas las energías que no son por mi mayor bien, y las transmuta en forma de energía divina.

ESTOY protegido divinamente y SOY elevado, ahora y siempre. Camino por una senda de acción correcta divina perfecta. Desconecto y disuelvo todas las sendas mentales de influencias lúgubres, deprimentes y nocivas. Ningún poder negativo o destructivo puede obtener un punto de apoyo, entrar u operar en el interior de mi cuerpo, mente o espíritu. Ninguna duda ni miedo puede aferrarse a mí. No pueden producirse accidentes ni errores. Esto es cierto para mí ahora y siempre, tanto si SOY consciente de ello como si no.

ESTOY vivo sólo para la verdad, la bondad y la belleza. ESTOY completamente despierto y atento a los planos espirituales superiores y a la orientación, el amor y la protección del poderoso fuego violeta. Gracias, Dios, y ASÍ ES.

MANTRA PARA LA PROTECCIÓN Y LA REPARACIÓN

El poderoso «mantra de Maha Mrityunjaya», también conocido como «mantra de Tryambakam», es una armadura divina para restaurar la salud y la prosperidad y de protección contra el daño, la enfermedad y, en último término, la muerte.

Aprende a pronunciarlo visitando el canal de YouTube Rajshri Soul y buscando «Mahamrityunjaya Mantra 108 Times Chanting» («Canto del Mantra de Mahamrityunjaya 108 veces»). Canta o recita el mantra en voz alta con un tono de voz claro.

OM Tryambakam Yajaamahay
Sugandhim Pushti Vardhanam
Uravaarukam Iva Bandhanaan
Mrityor Muksheeya Maamritaat

Aquí tenemos una traducción del mantra:

OM. Te alabo y adoro, oh, ser de los tres ojos, oh Shiva. Eres dulce alegría, la fragancia de la vida. Tú me alimentas, restauras mi salud y haces que medre. Al igual que, a su debido tiempo, el tallo del pepino se debilita y cae de la mata, libérame de las ataduras, los vínculos y la muerte, y no retengas la inmortalidad.

HIMNO A LA DIOSA DE LA RIQUEZA ÓCTUPLE

Ashta (ocho) Lakshmi son ocho manifestaciones de Lakshmi (diosa de la riqueza) que presiden ocho formas de riqueza, que representan los poderes de Lakshmi. Estas ocho manifestaciones se invocan en un famoso himno: el *Shri Ashtalakshmi Stotram:*

Aadhi Lakshmi (diosa madre primaria), Dhana Lakshmi (riqueza que colma), Dhaanya Lakshmi (alimento), Gaja Lakshmi (poder y fuerza), Santhana Lakshmi (hijos), Dhairya Lakshmi (valentía), Vijaya Lakshmi (victoria) y Vidya Lakshmi (sabiduría y conocimiento).

Para cantar esta agradable oración, visita el canal de YouTube T-Series Bhakti Sagar y busca «Ashtalakshmi Stotram with English Lyrics by Bellur Sisters (Ashtalakshmi Stotram con letra en inglés por las hermanas Bellur) | Juke Box | SOWBHAGYE MAHAMAYE».

Para leer la transliteración y la traducción completa del himno en inglés, visita la web Hinduism Outlook, en www.hinduismoutlook. com y baja hasta llegar a «Ashtalakshmi Stotram Lyrics and Meaning—English» («Ashtalakshmi Stotram, letra y significado: inglés»).

MANTRA PARA LA REALIZACIÓN ESPIRITUAL

El «mantra de Savitri Gayatri» es un himno sánscrito original de la escritura *Rig-Veda:* III.62.10, que puede despertar la consciencia cósmica y atraer la prosperidad en todas las áreas de la vida. Sus inconmensurables beneficios incluyen la claridad mental, el discernimiento espiritual, la frecuencia de energía elevada, acciones de acuerdo con la sabiduría máxima, un discurso benefactor dulce, la realización del verdadero propósito y la iluminación espiritual. Para obtener el mayor beneficio, recítalo 108 veces.

Para aprender cómo pronunciar este mantra, visita el canal de You-Tube Shemaroo Bhakti y busca «Gayatri Mantra—Meaning & Significance» («Mantra de Gayatri: significado y significancia»). Recítalo en voz alta cada mañana con un tono de voz claro.

OM Bhur Bhuvah Swaha
Tat Savitur Varenyam
Bhargo Devasya Dheemahi
Dhiyo Yonah Prachodayaat

Aquí tenemos la traducción:

Medito sobre ese Señor supremo de lo más adorado, el Creador, como el Sol, la fuente de toda vida, cuyo resplandor ilumina todos los reinos (el físico, el mental y el espiritual). Que esta luz divina ilumine mi intelecto.

CUARTA PARTE

AMOR ILIMITADO

CAPÍTULO 14

Autoestima próspera

«Unos bolsillos vacíos nunca echaron a nadie para atrás. Sólo las cabezas vacías y los corazones vacíos pueden hacer eso».

NORMAN VINCENT PEALE

La falta de mérito es la principal convicción que evita que satisfagas prósperamente tus deseos. Hasta que alances una convicción completa y firme de que mereces riquezas, no serás pudiente. Este capítulo ofrece métodos para incrementar el amor propio y la autoaceptación y, por lo tanto, desarrollar el sentido de tu propia valía y autoestima.

MANTRAS PARA LA AUTOESTIMA

La causa fundamental de la falta de mérito es la culpa, que surge de la convicción errónea de que eres distinto de tu verdadera naturaleza divina. Diferentes dificultades, incluyendo las económicas, surgen del autodesprecio y de la necesidad inconsciente de mortificación. Para incrementar tu sensación de autoestima, recita esta afirmación positiva en voz alta con un tono de voz fuerte y lleno de confianza.

SOY uno con el Espíritu.
SOY la unicidad que es el Espíritu, ahora y siempre.

Vivo, respiro, me muevo y tengo mi ser en el Espíritu.
SOY la plenitud que es el Espíritu, ahora y siempre.

SOY la perfección por doquier ahora.
SOY la perfección que es el Espíritu, ahora y siempre.

SOY merecedor de ser amado.
SOY el amor que es el Espíritu, ahora y siempre.

SOY merecedor de ser próspero.
SOY la prosperidad que es el Espíritu, ahora y siempre.

SOY merecedor de verme realizado.
SOY la realización que es el Espíritu, ahora y siempre.

SOY merecedor de ser feliz.
SOY la felicidad que es el Espíritu, ahora y siempre.

SOY merecedor de tener abundancia.
SOY la abundancia que es el Espíritu, ahora y siempre.

SOY merecedor de estar alegre.
SOY la alegría que es el Espíritu, ahora y siempre.

SOY merecedor de tener éxito.
SOY el éxito que es el Espíritu, ahora y siempre.

SOY un ser divino de gran valor y mérito.
SOY el valor precioso que es el Espíritu, ahora y siempre.

SOY el poder, alegría, realización y energía que es el Espíritu.
Mi aura y mi cuerpo de luz son ahora llenados
con el amor y la luz divinos que es el Espíritu, ahora y siempre.

SOY abundantemente merecedor.
SOY la satisfacción, la plenitud y la dicha que es el Espíritu,
ahora y siempre.

SOY abundantemente merecedor.
Gracias, Dios, y ASÍ ES.

MEDITACIÓN PARA UN AMOR REBOSANTE

Incrementar tu vibración de amor hace que seas más magnéticamente atractivo, lo que atrae a gente y oportunidades que te ayudan a prosperar. El amor es infeccioso. Cuando tu corazón está tan lleno que el amor rebosa, te conviertes en un imán para el amor. Para elevar tu vibración del amor, graba lo siguiente en tu dispositivo, siéntate cómodamente en tu silla favorita e inicia la reproducción a un volumen bajo.

Si escuchas esto en forma de una grabación, cierra ahora los ojos y mantenlos cerrados a lo largo de la meditación hasta que te diga que los abras.

Paz, paz, quédate tranquilo… Quédate tranquilo y estate en paz… Paz perfecta, paz perfecta, paz perfecta… Quédate tranquilo y estate en paz… Déjate ir, déjate ir, déjate ir, deja que Dios entre. Haz una gran respiración profunda de relajación. Inspira… y espira… Relájate, relájate, suelta. Suelta y estate en paz. Haz una gran respiración profunda de devoción. Inspira… y espira… Haz una gran respiración honda para profundizar más. Inspira… y espira… Ahora relájate y respira con normalidad.

Permite que tu corazón se abra al Espíritu… Abre tu corazón para recibir amor divino… Sabes que el amor de Dios está justo aquí, en este preciso momento… Puedes sentir su tierno abrazo… Estás envuelto en una manta hermosa y suave de amor divino… El amor de Dios está a todo tu alrededor, sosteniéndote, abrazándote y meciéndote en sus amorosos brazos… Los brazos del amor de Dios te están abrazando… Eres profundamente amado… Eres querido inconmensurablemente…

Mientras te rindes a esta presencia cariñosa, el amor divino te inunda, te acaricia aportándote consuelo y te alivia con serenidad… Ahora te zambulles en un océano de amor divino, en el que estás inmerso, rodeado, impregnado, sumergido y envuelto de dicha… El amor divino te llena y sacia completamente… Estás tan lleno de amor divino que no hay espacio para nada más… El amor divino crece a través de tu ser, bendiciéndote con arrobo… Eres un recipiente divino, lleno de puro amor…

Ahora imagina una llama pequeña y delicada encendiéndose en la cámara de tu corazón… Esa llama es amor divino en la mismísima esencia de tu ser… Mientras visualizas cómo esa llama se hace cada vez más brillante, empieza a refulgir con un mayor poder e intensidad… Se está convirtiendo ahora en un fuego flameante de amor ferviente, afecto, devoción, gratitud y agradecimiento al Creador de toda vida…

Permite que esa llama de amor vibre y emita pulsos de resplandor… Déjate envolver en el fuego deslumbrante de amor divino… Permite que tu corazón se expanda en compasión por toda la humanidad… Eres un faro de amor puro, e irradias esa luz de amor a todos a través de todo el universo… Eres amor y eres amado… Te encuentras en el flujo del amor… El amor se encuentra en tu interior y a todo tu alrededor… Eres un ser magnifico de amor puro…

Ahora pasa algunos momentos disfrutando de la vibración del amor divino puro creciendo y creciendo, hasta que llena cada parte y partícula de tu ser y te aporta una alegría infinita… [Graba 15 segundos de silencio aquí].

Paz, paz, quédate tranquilo. Quédate tranquilo y estate en paz… Ahora, con gran gratitud en tu corazón, ha llegado el momento de salir de esta meditación… Manteniendo los ojos cerrados, sopla ahora vigorosamente por lo menos cuatro veces, como si fueses a apagar velas… [Graba 15 segundos de silencio aquí]. Luego sopla y apaga otras cuatro velas y regresa al equilibrio interior y exterior… [Graba 10 segundos de silencio aquí]. Ahora abre los ojos y repite la siguiente afirmación positiva de forma audible:

ESTOY atento… ESTOY muy atento… ESTOY despierto… ESTOY muy despierto… ESTOY equilibrado interior y exteriormente… OSTENTO el control… SOY la única autoridad en mi vida… ESTOY protegido divinamente… por la luz de mi ser… Gracias, Dios, y ASÍ ES.

ACTIVACIÓN DE LA SANACIÓN DE LA PROPIA VALÍA

El Espíritu divino es tu fuente infinita de suministro. Cuando te quieres, te valoras y aceptas tu mérito para recibir las bendiciones que el Espíritu tiene disponibles, puedes disfrutar de una gran prosperidad. Para aceptar una vida de abundancia, recita esta afirmación positiva en voz alta con confianza y convicción a diario.

Ésta es una activación sanadora para la aceptación perfecta de mi mérito y valía para recibir una prosperidad y abundancia mantenidas eternamente, o algo mejor, ahora.

El Espíritu es opulencia inconmensurable, realización absoluta y amor universal. El Espíritu es creatividad gozosa, novedad siempre revitalizante, aventura incesante y vida eterna. El Espíritu es libertad, fe y confianza divinas. El Espíritu es la ley del suministro infinito y la expresión perfecta de la totalidad. El Espíritu es riqueza, prosperidad, opulencia y abundancia ilimitadas. El Espíritu es mente, inteligencia, omnisciencia e iluminación infinitas. El Espíritu es la unidad perfecta de cuerpo, mente y alma. El Espíritu es la luz eterna, el resplandor del radiante, la fuente completa de todo bien.

ESTOY fusionado con el Espíritu en una plenitud perfecta y constante. No hay separación entre el Espíritu y yo. ESTOY completamente unido, alineado y aliado con el Espíritu y soy lo mismo que Él. SOY la encarnación de la opulencia inconmensurable, la realización absoluta, el amor universal, la creatividad gozosa, la novedad siempre revitalizante, la aventura incesante y la vida eterna. SOY libertad, fe y confianza divinas. SOY la expresión perfecta de la totalidad, la ley del suministro divino y la riqueza, prosperidad, opulencia y abundancia ilimitadas. SOY mente, inteligencia, omnisciencia y sabiduría divinas. SOY maravilla, inspiración e iluminación infinitas. SOY la unidad perfecta de cuerpo, mente y alma. SOY la luz eterna, el brillo del radiante, la fuente completa de todo bien.

Ahora, por tanto, reivindico la aceptación perfecta de mi mérito y mi valía para recibir prosperidad y abundancia mantenidas eternamente, o algo mejor, ahora.

Ahora me desprendo de todos y cada uno de los pensamientos erróneos relativos a la prosperidad. Ahora expulso todos los sentimientos de remordimiento, arrepentimiento, autoincriminación, autodesprecio, mortificación y falta de mérito con respecto a la abundancia. Ahora destierro las ideas de que los tiempos son difíciles, de que el dinero escasea, de que necesito trabajar arduamente para ganarme la vida, y de que debo más dinero del que gano.

Ahora elimino todas esas ideas falsas y acepto que la verdad divina las reemplace. Cualquier lazo kármico entre mí mismo y estas ideas erróneas y entre mí mismo y calvarios financieros pasados son ahora cariñosamente cortados, cortados, cortados, cortados, cortados, rotos, elevados, liberados, cortados, cortados, cortados, cortados, rotos, elevados, liberados, cortados, cortados, cortados, cortados, cortados, rotos, elevados, queridos, sanados, liberados y se les deja ir hacia el interior de la luz de amor y verdad divinos.

Ahora libero todo miedo al fracaso, el miedo al éxito, la falta de dinero, la falta de tiempo, la falta de inteligencia, la falta de experiencia, la falta de contactos, la falta de clientes, la falta de financiación y la falta de elección del momento adecuado. Cedo estos miedos y carencias aparentes al Espíritu, sabiendo que son sanados, perdonados y transmutados en forma de amor divino, luz y verdad.

Ahora doy la bienvenida y abrazo al amor propio, la autoestima, la propia valía, el propio mérito, la autodeterminación, la autoaceptación, la propia autoridad, el autoempoderamiento y la automotivación. Ahora me alineo con entusiasmo con mi propósito espiritual. Ahora expreso, elegante y gozosamente, mis talentos y dones, que son regalos de Dios. ESTOY apasionado por mi imaginación infinita y mis ideas creativas. Mis aspiraciones son loables y dignas de realización.

Ahora acepto completamente en consciencia que tengo éxito con el éxito, que dispongo de dinero ilimitado, tiempo ilimitado, inteligencia ilimitada, experiencia ilimitada, contactos ilimitados, clientes ilimitados, financiación ilimitada, y que mis acciones tienen un orden y una cadencia divinos perfectos. Merezco ser rico y doy la bienvenida a la prosperidad ahora.

Ahora acepto plenamente y doy la bienvenida a la completa manifestación del suministro infinito del Espíritu, la voluntad divina, el amor divino y la prosperidad divina en mi vida a través de los canales correctos perfectos ahora. Ahora acepto y doy la bienvenida a la emoción de la vida opulenta que se ha puesto de manifiesto. Ahora expreso una creatividad divina a través de la fe, y acepto los frutos del cuerno divino de la abundancia: la fuente infinita.

El Espíritu bendice mi expresión creativa con prosperidad y abundancia infinitas, y lo acepto voluntaria, elegante y agradecidamente. Sé que SOY libre de experimentar la manifestación perfecta de la experiencia divina, la prosperidad opulenta, la abundancia lujosa y el éxtasis total del amor divino.

Ahora acepto plenamente en consciencia todo lo que he dicho, o algo mejor, sabiendo que se pone de manifiesto ahora, bajo la gracia divina, de formas perfectas. Acepto completamente mi valía y valor para recibir eternamente una prosperidad y abundancia constante, o algo mejor, ahora.

Doy las gracias al hermoso y maravilloso Dios por la abundancia de alegría en mi corazón y por el apabullante amor que siento por la vida. Doy las gracias a Dios por la expresión divina perfecta de dios-diosa que SOY. Doy las gracias a Dios por mi suministro infinito de amor incondicional, paz, alegría, dinero, diversión, viajes, emoción, salud, nuevas empresas, una trayectoria profesional perfecta y equilibrio. Doy las gracias a Dios por mi prosperidad y abundancia constantes eternas, o algo mejor, ahora. Sé que esto es así ahora, y ASÍ ES.

BENDICIONES DE LA PRESENCIA SAGRADA

El Espíritu es la fuente ilimitada de toda vida y, por lo tanto, es el tesoro de toda prosperidad. Eres uno con esa fuente. Para abrirte a esta presencia sagrada que hay en tu interior y sacar a la luz sus bendiciones, recita esta afirmación positiva en voz alta, con convicción.

SOY la presencia sagrada,
la conciencia infinita, ilimitada.
Vivo en el corazón del Espíritu.
Me abro para recibir todas las bendiciones del Espíritu.
Mi mente es un receptáculo de sabiduría divina.
Mi corazón es un recipiente de amor divino.
Mi cuerpo es un templo divino sagrado.
Mi vida es una dedicación al Espíritu divino.
Vivo en la gracia divina, en el aire purificado del Todopoderoso.
SOY tocado por la presencia sagrada cada día.
Cada nuevo día es una nueva aventura en el Espíritu.
Cada nuevo día es una oportunidad para servir a la humanidad.
Dedico mi vida a hacer realidad y a expresar mi verdadero Yo,
  y a empoderar a otros para que hagan realidad y expresen
  su verdadero Yo.
Permanezco en la presencia del Espíritu Todopoderoso.
SOY bendecido y SOY una bendición.
Gracias, Dios, y ASÍ ES.

EL TEMPLO INTERIOR

Esta meditación es un viaje interior orientado a un templo sagrado de abundancia y opulencia. Visitar este templo puede ayudarte a superar las energías negativas, incrementar tu confianza en ti mismo y disfrutar de una mayor abundancia. Graba lo siguiente en tu dispositivo y luego siéntate cómodamente en tu silla favorita e inicia la reproducción a un volumen bajo.

Si estás escuchando esto en forma de una grabación, cierra ahora los ojos y mantenlos cerrados durante la meditación hasta que te diga que los abras.

Paz, paz, quédate tranquilo. Quédate tranquilo y estate en paz. Paz perfecta, paz perfecta, paz perfecta, paz perfecta. Quédate tranquilo y estate en paz... Relájate, relájate, déjate ir y estate en paz... Haz una respiración profunda de relajación. Inspira... y espira... Haz una respiración honda de amor divino. Inspira... y espira... Haz una gran respiración profunda de riquezas opulentas. Inspira... y espira... Ahora relájate y respira con normalidad.

Tu guía en este viaje es un hermoso ser de luz que tiene el nombre de Dios. Irradia amor divino. Sus profundos ojos de color violeta son remansos de amor que centellean con alegría y sabiduría. Su largo cabello y barba grises le llegan hasta el pecho. Sus vestiduras son de color blanco puro, y su báculo es dorado, tiene un diseño elaborado y está tachonado de magníficas gemas poderosas de todos los colores.

Ahora imagina que este ser divino de luz te conduce hacia el interior del templo sagrado que hay dentro de tu corazón. Este templo no es de este mundo. Se encuentra en el plano espiritual y está hecho de luz. Rayos de luz sagrada se transmiten a todo tu alrededor, acariciándote y elevándote hacia una conciencia superior...

Tu guía divino ahora te conduce hacia el interior de una cámara sagrada de limpieza. Cuando entras en la cámara, tu guía te invita a darte un chapuzón en una piscina sagrada de luz líquida brillante, llena de energía pura de la fuerza vital... Mientras te sumerges por completo en la piscina, te sientes, inmediatamente, limpiado y vigorizado... Todas las preocupaciones, la ansiedad y el estrés quedan eliminados en estas aguas sagradas... Décadas de desgaste se ven revertidas en un instante, y te sientes renovado, revitalizado y joven... Al salir de la piscina, te sientes ligero, alegre y despreocupado, como el más feliz de los niños...

Tu guía divino te conduce entonces hacia una cámara en la que los ropajes más exquisitos te están esperando. Ahora vas vestido con prendas de seda, satén y terciopelo de tus colores favoritos. Éstas están de-

153

coradas con magníficos galones, bordados y encajes exquisitos. Entonces se te adorna con joyas de oro embellecidas con esmeraldas y perlas de un valor incalculable. Una diadema dorada cubierta de diamantes, rubies, esmeraldas y zafiros corona tu cabeza. Un precioso cinturón de cota de malla salpicado de rubíes rodea tu cintura, y unos zapatos con unas hebillas engalanadas con diamantes adornan tus pies. Todos estos adornos no pesan, ya que están hechos de pura luz.

Tu guía te lleva entonces de la mano hacia otra cámara en la que se ha preparado un suntuoso festín. Eres el invitado homenajeado, y presides la mesa, a la que se han reunido tus seres queridos y tus amigos. La mesa está puesta con porcelana de un valor incalculable decorada con pan de oro, cubiertos de oro macizo con los mangos tachonados de diamantes y copas de exquisito cristal adornadas con pan de oro y emblemas sagrados.

Lacayos elegantemente vestidos sirven a cada invitado desde bandejas y jarras de oro. Se han preparado tus alimentos favoritos, además de muchos platos exóticos para probar. Todo lo que pruebas es exquisito: las delicias más sabrosas, agradables y sanas que hayan complacido nunca a tu paladar. Mientras cenas, disfrutas de las conversaciones más encantadoras con tus seres queridos, y te sientes sumamente feliz. Al final de tu comida, un lacayo te entrega un cáliz de oro con joyas preciosas incrustadas. Cuando bebes su contenido (el néctar celestial de la vida inmortal), experimentas un inmediato aluvión de energía divina y una ola de despertar espiritual.

Después de haber degustado la comida más deliciosa que hayas consumido nunca, disfrutas jugando a tus juegos favoritos con tus familiares y amigos. Luego das un paseo romántico, agarrado de la mano de tu querida alma gemela, por los jardines elaboradamente diseñados que rodean tu templo. La fragancia celestial de rosas, lilas, gardenias y peonías inunda el aire. Aves y mariposas multicolores te acompañan mientras paseas por el verdor de las cuidadas podas artísticas de bojes y de altos cipreses. Entonces, tu amante se detiene, se gira hacia ti y dice: «Eres mi sueño hecho realidad. Estás integrado en mi corazón y siempre te amo. Ven ahora y bésame, querido mío. Eres mi alma gemela para siempre». Besa entonces a tu alma gemela y despídete de ella hasta más tarde esa noche.

Tu guía vuelve ahora a reaparecer y te conduce a una cámara sagrada hecha de luz pura. Suena la música más relajante y exquisita, y se proyectan imágenes espléndidas de maravillas celestiales en el aire... Tu guía te indica que te sientes en el más cómodo de los sillones, hecho de una sustancia suave, como de plumón, que se adapta a la perfección a la forma de tu cuerpo. Nunca te has sentido más cómodo ni relajado. Te sientes tan bien y en paz que te sientes completamente como en casa...

Ahora, mientras la música y las imágenes se atenúan, percibes un profundo silencio envolviendo la atmósfera a tu alrededor... Tu guía está de pie, frente a ti, y te pide que cierres los ojos. Te sumerges en un profundo silencio, y la serenidad rebasa a tu ser... Tu guía divino irradia entonces luz hacia ti desde las palmas de sus manos... Sientes una luz radiante suave, agradable, reconfortante y hermosa inundándote, llenándote de paz... Mientras le pides a tu guía divino que te eleve hacia una consciencia superior, tu conciencia te eleva hacia un lugar que está más allá del espacio y el tiempo... Tu conciencia es ahora elevada, elevada, elevada, elevada hacia la gloria de la presencia divina...

Ahora sientes cómo los límites de tu cuerpo empiezan a diluirse mientras tu ser se expande más allá de las limitaciones... Tu cuerpo parece desaparecer, pero tu mente está completamente despierta e implicada en la expansión de la conciencia... Todas las cosas materiales con las que te identificabas, como tu nombre, historia, riqueza, fama y fortuna dejan ahora de existir, y trasciendes más allá de la dualidad... Ahora te das cuenta de la verdadera naturaleza de tu ser, que es infinita, ilimitada, no manifiesta e infinidad absoluta...

Esa fuente de todo, que no tiene principio ni final, el manantial de la inteligencia creativa y del amor eterno: ése es quien eres en realidad... Acceder a esa existencia supone la satisfacción de todos los deseos de tu corazón... Esa fuente inconmensurable siempre está ahí, siempre presente y disponible para que accedas a ella... En un estado de pura alegría, no deseas nada y eres infinitamente próspero...

Ahora, con gran gratitud en tu corazón, ha llegado el momento de dar las gracias a tu guía divino por esta profunda experiencia y de salir de esta meditación... Manteniendo los ojos cerrados, empieza a salir de esta meditación haciendo ver que estás soplando y apagando velas… Ahora sopla vigorosamente como si estuvieses apagando la primera vela, mientras regresas del nivel del Espíritu al nivel de la mente… Tu mente ha sido elevada y sanada permanentemente por esta meditación…

Ahora sopla y apaga una segunda vela mientras te vuelves consciente de tu cuerpo, pero sigue manteniendo los ojos cerrados… Tu cuerpo ha sido transformado y sanado permanentemente por esta meditación…

Ahora sopla y apaga una tercera vela y vuélvete consciente del entorno que tienes a tu alrededor, pero sigue manteniendo los ojos cerrados… Ahora estás bendiciendo tu entorno con paz, alegría y felicidad…

Ahora sopla y apaga por lo menos cuatro velas más. [Graba 15 segundos de silencio aquí]. Luego recorre todo el camino de vuelta hacia el equilibrio interior y exterior, abre los ojos y repite la siguiente afirmación positiva después de mí:

ESTOY atento… ESTOY muy atento… ESTOY despierto…
ESTOY muy despierto… ESTOY equilibrado interior y
exteriormente… OSTENTO el control… SOY la única
autoridad en mi vida… ESTOY protegido divinamente… por la
luz de mi ser… Gracias, Dios, y ASÍ ES.

CAPÍTULO 15

Compañero sentimental próspero

«Nos ganamos la vida con lo que conseguimos, pero construimos una vida con lo que damos».

WINSTON CHURCHILL

Este capítulo ofrece métodos para incrementar tu atractivo sexual, atraer a un compañero sentimental y poner de manifiesto una relación feliz e íntima llena de abundante amor. Tanto si estás soltero o casado, puedes atraer una plétora de amor, alegría y realización.

LIBRO DE VISIÓN DE UN COMPAÑERO SENTIMENTAL

Para satisfacer cualquier deseo, tu intención y tu satisfacción de materializar ese objetivo son clave. Un «libro de visión de un compañero sentimental» es un álbum de recortes o un diario que te ayuda a mantener la concentración en la atracción de tu compañero sentimental perfecto a través de la visión-meditación. Aquí tenemos cómo crear uno:

Recopila imágenes de revistas, Internet o de cualquier otro lugar que muestren: 1) una foto de ti mismo; 2) una persona por la que te sientas atraído; 3) lugares y situaciones románticos con los que disfrutarías; 4) palabras o frases inspiradoras sobre el amor que te conmuevan emocionalmente; y 5) si lo deseas, imágenes de tu poder superior, del que fluyen todas tus bendiciones.

Pega las mejores de estas imágenes en un álbum de recortes o un diario en blanco, con cada página representando un tema distinto, como, por ejemplo: 1) una foto de ti y de una persona con las características de tu pareja imaginada ideal; 2) practicando deporte con una pareja; 3) cenando en un restaurante romántico; 4) tomándoos unas vacaciones; 5) disfrutando de una actividad al aire libre con una pareja; 6) tu boda; 7) tu hogar, tus hijos, etc.

En la parte superior de cada página puedes pegar una imagen que represente a un ser o deidad divino, y dibujar rayos refulgiendo desde esas imágenes. También puedes escribir afirmaciones positivas con rotuladores rosas o rojos (colores que representan el amor).

Aquí tenemos algunos ejemplos:

- ESTOY en mi relación perfecta, comprometida y romántica con mi pareja ideal.
- Mi relación es amorosa, feliz, armoniosa, satisfactoria y gratificante.
- Mi pareja me ama y acepta exactamente tal y como SOY.
- Estar con mi pareja me hace sentirme amado, consolado, seguro y feliz.
- Mi pareja perfecta ideal es [escribe una lista de cualidades deseables].
- Gracias, Dios, por mi pareja y compañero perfecto ideal.

Revisa tu libro de imágenes por lo menos dos veces al día: a primera hora de la mañana y última hora de la noche. Lee en voz alta las palabras y afirmaciones positivas que aparecen en sus páginas con un tono de voz lleno de confianza. Luego sal, conoce a gente y genera tu relación ideal. Tu libro de imágenes sólo es eficaz si confías en que puedes alcanzar tu objetivo y si emprendes acciones para hacer que suceda.

AFIRMACIÓN POSITIVA PARA UN ALMA GEMELA

Tu vida personal puede verse profusamente bendecida con abundante felicidad. Para atraer a las parejas y compañeros ideales a tu vida, recita esta afirmación positiva varias veces al día con un tono de voz lleno de confianza y con convicción.

El amor divino, expresándose a través de mí ahora,
atrae hacia mí todo lo necesario
para hacerme feliz y hacer que mi vida sea completa.
El todopoderoso Dios Padre-Madre
me revela cariñosamente
el plan divino para mi vida personal.
El amor divino atrae hacia mí
a la gente que tiene que estar en mi vida
y me une a ella ahora.
Gracias, Dios, y ASÍ ES.

AMIGO Y COMPAÑERO PERFECTO

Esta meditación puede ayudarte a disfrutar de una vida ricamente satisfactoria, feliz y romántica con una pareja cariñosa. Para centrarte en la atracción de tu pareja perfecta, graba la siguiente meditación en tu dispositivo. Luego siéntate cómodamente, inicia la reproducción a un volumen bajo y sigue las instrucciones.

Si estás escuchando esto en forma de una grabación, Cierra ahora los ojos y mantenlos cerrados durante la meditación hasta que te diga que los abras.

Paz, paz, quédate tranquilo. Quédate tranquilo y estate en paz... Paz perfecta, paz perfecta, dulce paz... Quédate tranquilo y estate en paz... Haz una respiración profunda de relajación. Inspira... y espira… Haz una gran respiración honda de amor divino… Inspira… y espira… Haz una gran respiración profunda de felicidad. Inspira… y espira… Ahora relájate y respira con normalidad.

Ahora sabemos y reconocemos que hay un poder y una presencia en funcionamiento en el universo y en nuestra vida, Dios el bueno, omnipotente. Dios es el manantial de puro amor, alegría y felicidad. Dios es el destino perfecto, el propósito divino, la conexión y compatibilidad perfecta del alma, los contratos perfectos del alma, los compromisos divinos, la ley y las conexiones kármicas. Dios es la existencia, plenitud, unicidad y unidad divinas perfectas.

Ahora estás fusionado con, eres uno con y eres lo mismo que Dios, en una plenitud continua perfecta. No hay separación entre Dios y tú. Eres ese único poder y esa única presencia. Eres el manantial de puro amor, alegría y felicidad. Eres el destino perfecto, el propósito divino, la conexión y compatibilidad del alma perfectas, los contratos del alma perfectos, los compromisos divinos, la ley y las conexiones kármicas. Eres una existencia, plenitud, unicidad y unidad divinas perfectas.

Por lo tanto, sabemos y afirmamos que ahora atraes una relación monógama cariñosa, íntima y comprometida con tu pareja perfecta y tu alma gemela, que es compatible contigo en todos los aspectos: espiritual, mental, emocional, intelectual, física, sexual, social, geográfica, material y económicamente, y con quien disfrutas de gustos, intereses, deseos, apetitos, tendencias, trayectorias profesionales, ideales, una moral, convicciones, valores y objetivos similares. Tu pareja ideal te aporta felicidad, y vuestra relación es fácil, natural y gozosa, sin dramas, inequidad, disputas ni competencia.

Ahora invocamos al Espíritu Santo para que corte cualquier atadura psicológica, vínculo kármico y lazo vinculante entre tú y todas las parejas sentimentales pasadas, de esta vida y de todas las vidas anteriores. Estas ataduras y lazos son ahora cariñosamente cortados, cortados, cortados, cortados, cortados, seccionados, cortados, cortados, cortados, cortados, cortados, seccionados, cortados, cortados, cortados, cortados, cortados, seccionados, cortados, cortados, cortados, cortados, cortados, seccionados, amados, sanados, elevados, disueltos y liberados hacia el interior de la luz del amor y la verdad de Dios.

Repite la siguiente afirmación positiva en voz alta después de mí con un tono de voz fuerte y con convicción:

OSTENTO el control... SOY la única autoridad en mi vida... ESTOY divinamente protegido... por la luz de mi ser... Cierro mi aura... y mi cuerpo de luz... a los niveles astrales inferiores de la mente... y a todas mis parejas sentimentales pasadas... Y me abro al mundo espiritual... Gracias, Dios, y ASÍ ES.

Ahora invocamos al Espíritu Santo para que elimine de tu mente todas las convicciones, pensamientos, sentimientos y emociones negativas que no te sirven. Sanas, liberas, disuelves y eliminas todo el miedo, las dudas, la ira, el resentimiento, la pérdida, la tristeza, el dolor, la frustración, el remordimiento, el arrepentimiento, la culpa, la vergüenza, la autoincriminación, la falta de mérito y la incompetencia. Estas creencias limitantes son ahora elevadas hacia el interior de la luz de la verdad y son quemadas en la hoguera del amor divino.

Ahora das la bienvenida a los sentimientos, pensamientos y emociones positivas en el interior de tu corazón, mente y alma. Ahora aceptas y abrazas el amor, la confianza, la fe, la seguridad, la certeza, el perdón, la calma, el triunfo, el compromiso, la felicidad, la comodidad, el placer, la satisfacción, la alegría, la inocencia, la autoindulgencia, el amor propio, la propia valía, la autoestima, la confianza en ti mismo, el autoempoderamiento y la tranquilidad.

Eres un ser divino de luz que vive en el corazón de Dios. Ahora estás preparado, dispuesto y abierto a disfrutar de una relación feliz, cariñosa, agradable, satisfactoria, dichosa y extática con tu pareja y compañero perfecto en una asociación fácil, natural y gozosa. Esta relación ideal del alma carece de dramas, inequidad, disputas y competencia, y es perfecta para ti en todos los sentidos: espiritual, mental, emocional, intelectual, física, sexual, social, geográfica, material y económicamente. Tú y tu pareja disfrutáis de gustos, intereses, deseos, apetitos, tendencias, ideales, una moral, convicciones, valores y un propósito compatibles.

Tu hermosa pareja del alma se encuentra ahora en tu vida, y sois muy felices y os sentís muy realizados. Os sentís atraídos por igual el uno por el otro, y os seguís sintiendo fascinados el uno por el otro siempre. Estar con tu pareja te hace sentir querido, consolado, seguro, tranquilo y feliz. Los dos sois leales, fieles, estáis comprometidos, sois cariñosos, compasivos, pacientes, tolerantes y amables el uno con el otro.

Ahora, en tu mente, imagina tu relación cariñosamente comprometida con tu pareja perfecta. Imagina el aspecto que podría tener tu pareja y visualiza que los dos estáis juntos en distintos escenarios. No le pongas límites a tu imaginación. No te contengas mientras te tomas un momento en silencio, imaginando que os encontráis juntos en distintos lugares en vuestro mundo ideal. Ahora haz una gran respiración profunda. Inspira... y espira… Ahora respira con normalidad e imagina tu vida con tu pareja perfecta… [Graba 3 minutos de silencio aquí].

Ahora ha llegado el momento de salir de esta meditación. Mantén los ojos cerrados. Con un cariño sentido y gratitud, sopla ahora aire vigorosamente por lo menos cuatro veces, como si estuvieses apagando velas… [Graba 15 segundos de silencio aquí]. Luego sopla y apaga cuatro velas más para volver al equilibrio interior y exterior… [Graba 10 segundos de silencio aquí].

Luego sal, abre los ojos y repite la siguiente afirmación positiva:

ESTOY atento… ESTOY muy atento… ESTOY despierto…
ESTOY muy despierto… ESTOY equilibrado interior y
exteriormente… OSTENTO el control… SOY la única
autoridad en mi vida… ESTOY protegido divinamente… por la
luz de mi ser… Gracias, Dios, y ASÍ ES.

REALIZACIÓN SEXUAL

El disfrute del placer sexual es uno de los mayores tesoros de la vida. Esta afirmación positiva puede ayudarte a atraer a tu pareja sexual adulta perfecta que consienta y que te aporte abundante alegría. Recita estas palabras en voz alta con confianza, seguridad en ti mismo y convicción.

162

Reconozco que Dios es la fuente de placer y realización, el manantial de satisfacción. Dios es amor incondicional, aceptación, alegría y felicidad. Dios está libre de prejuicios, es la fuente del amor puro y es la plena expresión del amor incondicional, ahora y siempre.

SOY uno con el amor y la aceptación no prejuiciosa de Dios ahora. Toda la expresión del amor de Dios impregna mi vida ahora. La alegría y la felicidad de Dios inundan mi corazón de plenitud. ESTOY repleto del placer del jardín de la alegría y el deleite de Dios ahora.

Por lo tanto, reclamo para mí mi realización sexual perfecta y segura con mi pareja adulta que consiente en una relación gozosa y cariñosa, o algo mejor, ahora.

Ahora sano y dejo ir todas las negaciones que interfieren con esta reclamación, ya sean conocidas o desconocidas, conscientes o inconscientes. Mis pensamientos son ahora uno con, lo mismo que y están en sintonía con el pensamiento de Dios. Ahora elimino de mi mente todos los pensamientos de limitación, inhibición, miedo, aversión, frustración, culpa sexual, autodesprecio, odio hacia mí mismo, autoincriminación, mortificación, vergüenza corporal y la actitud remilgada.

Ahora doy la bienvenida y acepto la libertad de expresión, la alegría, la satisfacción sexual desinhibida, el amor, la plenitud, la realización, la autoindulgencia, el amor por mí mismo, la autoaceptación, la aceptación de mi cuerpo y una actitud despreocupada.

Ahora me desprendo de todos los prejuicios negativos sobre el sexo. Alejo cualquier idea de que el sexo es malo, sucio, dañino, vaciador o no espiritual. Corto todas y cada una de las ataduras psicológicas entre yo mismo y cualquiera que me haya hecho sentir alguna vez culpable con respecto al sexo. Estas ataduras psicológicas son ahora cariñosamente cortadas, cortadas, cortadas, cortadas, cortadas, seccionadas, elevadas, queridas, sanadas, eliminadas y se las deja ir, y se disuelven en el amor y la luz divinos.

Ahora acepto por completo que el sexo es bueno, beneficioso, vigorizante, espiritual y una expresión del amor hermosa, alegre y natural. SOY un ser de Dios cariñoso, sexual, sensual y hermoso, y expreso mi amor sexualmente ahora con gran alegría y satisfacción. ESTOY lleno de la gozosa libertad del placer y la satisfacción sexual ahora. Mi expresión sexual es una manifestación del amor divino. SOY perfecto exactamente tal y como soy, y me expreso libremente tal y como SOY ahora. SOY amor incondicional ahora.

Ahora doy la bienvenida y acepto plenamente en consciencia mi realización sexual perfecta y segura con mi pareja adulta que consiente en una relación gozosa y cariñosa, o algo mejor.

Doy las gracias a Dios por poner de manifiesto este bien en mi vida ahora bajo la gracia de formas perfectas. Gracias, Dios, y ASÍ ES.

MANTRAS DE KAMADEV

Puedes atraer a tu pareja sexual ideal invocando a Kamadeva, la deidad del amor y el sexo. Estos mantras eliminan los obstáculos para el flujo de la energía sexual, potencian el deseo sexual e incrementan el magnetismo sexual, la pasión y la potencia.

MANTRA DE KAMADEV GAYATRI

El primero es el mantra de Kamdev Gayatri. Para pronunciarlo correctamente, visita el canal de YouTube Rajshri Soul y busca «Kamdev Gayatri Mantra 108 Times | Mantra To Get Love in Life» («Mantra de Kamdev Gayatri 108 veces | Mantra para conseguir el amor en la vida»). Además, puedes recitar el *bija* (semilla) del mantra independientemente para dar un empujón al flujo de energía y estimulación sexual.

Kleeng kamadevaya vidmahe pushpa banaya dheemahi tanno anangah prachodayaat

Aquí tenemos la traducción:

Medito sobre *Kamadeva,* el maestro de los sentidos, que blande flechas de flores. Que el *ananga* (el que no tiene cuerpo) me conceda un intelecto superior e ilumine mi mente.

INCREMENTAR LA ENERGÍA SEXUAL

El segundo mantra para incrementar la energía sexual se encuentra a continuación. Para pronunciarlo correctamente, visita el canal de YouTube MusicMagic y busca «Mantra to Increase Sexual Energy | Kamdev Kameshwari Maha Tantra» («Mantra para incrementar la energía sexual | Tantra de Kamdev Kameshwari Maha Tantra»).

Om namo kamadevaaye mahaprabhaye hrim kameshvari swaha

MANTRA PARA EL MATRIMONIO

Para pronunciar correctamente el mantra para el matrimonio que aparece a continuación, visita el canal de YouTube MusicMagic y busca «Kamdev Mantra | Om Kleem Kamadevaya Namah | Marriage & Love Mantra» («Mantra de Kamdev | Om Kleem Kamadevaya Namah | Mantra para el matrimonio y el amor»).

Om kleem kamadevaya namah

INVOCAR A KAMADEV

Aquí tenemos la transcripción fonética de un cuarto mantra, muy potente, para invocar a Kamadev:

Om Namomi Bhagvataye Kamdevayaye, yasyaa yasyaa drishyo Bhaavami, Yaashch Yaashch mum muukhaam paashyati taammy taammy mohyatu swahaa

MANTRA DE KAMADEV VASHIKARAN

El mantra de Kamadev que aparece a continuación puede potenciar la autoestima y la confianza en uno mismo, encender el corazón de una pareja deseada, reunirte con un amor perdido, aliviar traumas en una relación y sanar los problemas sexuales. Mientras cantas este mantra, enciende una vela e incienso y ofrece flores a una imagen del planeta Venus (la diosa que representa a Venus es *Shukra)*.

Para pronunciar el mantra correctamente, visita el canal de YouTube Ask-Ganesha y busca «Kamdev Vashikaran Mantra—Askganesha | Accurate Astrologers» («Mantra de Kamdev Vashikaran: Askganesha | Astrólogos Precisos»).

Om namo bhagavate kaam-devaay shreem sarv-jan-pryaay sarv-jan-sammohanaay jvalljvall, prajval-prajval, han-han, vad-vad, tap-tap, sammohay-sammohay, sar-janan me vashan kurukuru svaaha

CAPÍTULO 16

Relaciones prósperas

«No tener amigos es una forma grave de pobreza».

SUCEDIÓ EN LA QUINTA AVENIDA

Mereces abundante amor y felicidad. Tu tribu de familiares, amigos, colegas y socios cariñosos puede aportarte un gran regocijo. Este capítulo ofrece métodos que fomentan el amor y la armonía, expanden tu círculo de amistades importantes y mejoran las relaciones comerciales.

CORTAR ATADURAS VINCULANTES

Cortar ligaduras negativas en tus relaciones elimina el persistir en la energía hiriente y resentida. Para disfrutar de relaciones más ricas, íntimas y cariñosas con todos en tu trabajo y tu hogar, usa está afirmación positiva para la sanación a diario. Recita estas palabras en voz alta con confianza y amor. Para aprender más sobre cortar ataduras vinculantes, lee mi libro *The power of auras*.

Ahora invoco al Espíritu Santo
para que corte todos y cada uno de los lazos kármicos
y ligaduras vinculantes
entre yo y [el nombre de la persona].
Estos lazos vinculantes son ahora cariñosamente
cortados, cortados, cortados, cortados, cortados, seccionados,
cortados, cortados, cortados, cortados, cortados, seccionados,
bendecidos, amados, sanados, elevados, disueltos, liberados
y se les deja ir hacia el interior de la luz del amor
y la verdad divinos, ahora y por siempre.
ESTOY en control de mi mente y mi vida, ahora y siempre.
Gracias, Dios, y ASÍ ES.

CANTO DE SANACIÓN DEL PERDÓN

Esta afirmación positiva sanadora puede ayudarte a perdonar a cualquier persona, como un amigo, un colega, un socio comercial, un progenitor, un cónyuge o un hijo. Para expresar un amor incondicional y atraer la prosperidad, recita esta afirmación positiva audiblemente con confianza, convicción y fe.

El Espíritu en mí es mi poder indulgente y liberador.
El Espíritu en [el nombre de la persona]
es su poder indulgente y liberador.
El Espíritu en mí es mi poder indulgente y liberador.
El Espíritu en [el nombre de la persona]
es su poder indulgente y liberador.
El Espíritu en mí perdona y libera a [el nombre de la persona].
El Espíritu en [el nombre de la persona] *me perdona*
y me libera.

Ahora cierra los ojos e imagina a la persona sentada frente a ti. Ahora, tan profundamente como puedas, perdona a esa persona y perdónate a ti. Luego visualiza que todas las ataduras vinculantes son erradicadas, cortadas, seccionadas y disueltas. Imagina que estáis juntos en una esfera de unidad, amor, luz y armonía divinos. Luego abre los ojos y sigue recitando las palabras que aparecen a continuación.

> *SOY libre para prosperar y* [nombre de la persona]
>   *es libre para prosperar.*
> *El Espíritu en nuestro interior es nuestro poder*
>   *que prospera ahora.*
> *No hay competencia ni conflicto en el Espíritu,*
>   *y, por lo tanto, no hay competencia ni conflicto entre nosotros.*
> *El amor incondicional del Espíritu ahora perdona y deja ir*
>   *cualquier aparente animadversión o resentimiento*
>   *entre nosotros.*
> *Por lo tanto, todas las cosas son aclaradas entre nosotros,*
>   *ahora y por siempre, bajo la gracia, de formas perfectas.*
> *Gracias, Dios, y ASÍ ES.*

LIBERTAD DE LAS ATADURAS

Para atraer una mayor prosperidad en todas las áreas de la vida, es imperativo eliminar las emociones negativas sobre la gente, lugares, cosas o situaciones en el presente y el pasado. Recita estas palabras en voz alta para liberar ataduras y resentimientos que hayan bloqueado tu bien copioso.

> *El Espíritu en mí me libera ahora de toda atadura*
>   *con* [nombre de la persona, la cosa o la situación],
>   *ahora y por siempre.*
> *El Espíritu es mi poder sanador y liberador ahora.*
> *El Espíritu en* [nombre de la persona, cosa o situación]
>   *le libera ahora de toda atadura a mí,*
>   *ahora y por siempre.*
> *El Espíritu es su poder sanador y liberador.*
> *El Espíritu en mí libera a* [nombre de la persona, cosa o situación].
> *Ahora y por siempre.*

El Espíritu en [nombre de la persona, cosa o situación]
   me libera ahora y por siempre.
Ahora nos desprendemos de toda atadura y somos liberados.
Ahora nos liberamos el uno al otro al Espíritu y permitimos que el
Espíritu se manifieste.
Orden, elección del momento adecuado y resultados divinos
   perfectos.
ESTOY en una relación divina correcta y perfecta
   con toda la gente y las situaciones ahora.
Gracias, Dios, y ASÍ ES.

ROMPER PATRONES ANCESTRALES

Las influencias negativas de los parientes biológicos, vivos y fallecidos, pueden frustrar tus aspiraciones más elevadas y bloquear la prosperidad. Las ataduras ancestrales nocivas, las energías que nos vacían, las actitudes negativas, la cortedad de miras y las palabras agresivas debilitan tu vitalidad y hacen añicos tu confianza en ti mismo. Cuando influencias familiares hirientes te minan, recita esta afirmación positiva en voz alta con un tono de voz fuerte y lleno de confianza.

SOY la única autoridad en mi vida.
OSTENTO el control de mi mente.
Mi familia y mis ancestros no me controlan.
Todas las ataduras psicológicas, lazos kármicos y ligaduras
   vinculantes entre yo y familiares vivos y fallecidos,
      son ahora cariñosamente cortados, cortados, cortados, cortados,
      cortados, cortados, cortados, cortados, cortados,
      seccionados, sanados, bendecidos, disueltos, liberados
   y se les deja ir, y son elevados hacia el interior de la luz divina
      ahora. Y se han ido.
ESTOY ahora libre de todos los lazos kármicos y las ataduras
   vinculantes, ya no ESTOY sujeto a ataques psicológicos,
      parásitos de energía, vampiros o influencias que me vacían.
Ahora expulso toda la falsedad impuesta por mi familia.

Ya no intento encajar en un molde en el que no encajo.
Ahora creo mi propio molde, con orientación divina.
Mi vida es ahora dirigida por la sabiduría divina interior.
Ahora ESTOY en el camino divino correcto perfecto,
  en el lugar divino correcto perfecto,
    llevando a cabo acciones divinas correctas perfectas
    con unos resultados divinos correctos perfectos.
SOY perfecto exactamente tal y como SOY.
SOY un ser radiante de luz, lleno de energía, amor y paz divinos.
Ahora hago vibrar e irradio la energía sagrada de Dios.
Todo es perfecto y todo está bien, ahora y siempre.
Gracias, Dios, y ASÍ ES.

ARMONÍA FAMILIAR

Una vida familiar armoniosa atrae la prosperidad a todos los niveles: material, físico, mental, emocional y espiritual. Esta meditación puede incrementar las vibraciones cariñosas en tu familia. Grábala en tu dispositivo. Luego siéntate cómodamente en un entorno tranquilo, inicia la reproducción a un volumen bajo y sigue las instrucciones.

Si estás escuchando esto en forma de una grabación, cierra ahora los ojos y mantenlos cerrados a lo largo de la meditación hasta que te diga que los abras.

Paz, paz, quédate tranquilo… Quédate tranquilo y estate en paz… Paz perfecta, paz perfecta, dulce paz… Quédate tranquilo y estate en paz… Haz una gran respiración profunda de relajación. Inspira… y espira… Haz una gran respiración honda de amor divino… Inspira… y espira… Haz una gran respiración profunda de armonía divina. Inspira… y espira… Ahora respira con normalidad.

Ahora reconocemos que hay un poder y una fuente de armonía, paz, amor y unidad perfecta: el Espíritu universal, omnipotente y omnipresente. El Espíritu es el manantial de tranquilidad y renovación continua. Somos uno con este poder y fuente de armonía, amor y paz ahora. Somos instrumentos de la armonía familiar ahora. En casa con Dios, encontramos tranquilidad y renovación cada día.

Así, por tanto, reclamamos para ti la vida hogareña y las relaciones familiares perfectas, cariñosas, tranquilas y armoniosas, o algo mejor, ahora.

Ahora sanamos y eliminamos todas las negaciones de tu mente que interfieren con esta reclamación, ya sean conocidas o desconocidas, conscientes o inconscientes. Tus pensamientos son ahora uno con, los mismos que y están en sintonía con el pensamiento de Dios.

Invocamos al Espíritu Santo para que disuelva de tu hogar, tu familia y tu mente todo resentimiento, miedo, coerción, dominación, tristeza, dolor, rechazo y abandono. Estos pensamientos negativos son sanados, elevados y eliminados ahora.

Tu hogar, tu familia y tu mente se ven ahora llenados de pensamientos positivos de amor, felicidad, sanación, perdón, libertad, la propia autoridad, alegría, amor propio, autoestima, autoaceptación y la propia valía. Ahora liberas a todos los miembros de tu familia para que se expresen de su propia forma única y perfecta, y tú te sientes libre para expresarte de tu propia forma única y perfecta. Ahora sólo ves el bien en ti y en tus seres queridos.

Ahora invocamos al Espíritu Santo para que corte todas y cada una de las ligaduras vinculantes entre tú y tu familia Estas ligaduras vinculantes son ahora cariñosamente cortadas, cortadas, cortadas, cortadas, seccionadas, cortadas, cortadas, cortadas, cortadas, seccionadas, queridas, sanadas, disueltas, eliminadas, liberadas y elevadas hacia el interior de la luz del amor divino. Ahora eres libre de todos los lazos que han bloqueado el amor incondicional en tu vida hogareña y tus relaciones familiares.

Todas y cada una de las entidades astrales que influyen negativamente en tu hogar: queridas, estáis unificadas con vuestra verdad de ser. Sois elevadas en el amor y la luz divinos y os veis rodeadas de paz. La tierra ya no os amarra. El miedo y la culpa ya no os poseen. Ahora sois bendecidas, perdonadas y liberadas en el interior del amor, la luz y la plenitud del Espíritu universal. Sois elevadas hacia el interior de la luz de Dios. Ahora invocamos al Espíritu Santo para que os lleve a vuestro lugar perfecto de expresión. Ahora id en paz y amor…

Ahora aceptamos plenamente en consciencia, la armonía, paz y amor en tu vida hogareña y tus relaciones familiares, o algo mejor.

Ahora ha llegado el momento de salir de esta meditación. Mantén los ojos cerrados. Entonces, con alegría y gratitud en tu corazón, sopla ahora vigorosamente por lo menos cuatro veces como si estuvieses apagando velas… [Graba 15 segundos de silencio aquí]. Después regresa al equilibrio interior y exterior, abre los ojos y repite esta afirmación positiva después de mí:

ESTOY atento… ESTOY muy atento… ESTOY despierto…
ESTOY muy despierto… ESTOY equilibrado interior y
exteriormente… OSTENTO el control… SOY la única
autoridad en mi vida… ESTOY protegido divinamente… por la
luz de mi ser… Mi hogar y mi familia se encuentran en perfecta
armonía y de acuerdo… Gracias, Dios, y ASÍ ES.

AMISTADES CARIÑOSAS ABUNDANTES

Hay un viejo dicho que afirma que los amigos son un tesoro más precioso que el oro. Mereces abundancia de amigos íntimos y cariñosos en los que puedas confiar. Para atraer y conservar a amigos dignos de confianza, responsables y cariñosos, recita la siguiente afirmación positiva audiblemente y con convicción.

Reconozco que el Espíritu es la fuente de todo el amor
incondicional en el universo. El Espíritu es la roca y el báculo de
la vida: siempre da, siempre está presente, siempre es de fiar y
estable, constante y confiable. SOY uno con el Espíritu. SOY amor
divino incondicional: de fiar, estable y confiable. El Espíritu es mi
fortaleza, mi fuente de amor siempre presente. El Espíritu es mi
roca y mi báculo duraderos por siempre. Allá donde ESTÉ, el
Espíritu siempre está y todo está bien.
* Ahora, por tanto, reclamo para mí mis amistades cariñosas,*
confiables, dignas de confianza y de fiar perfectas, o algo mejor.
* Ahora sano y libero todos los pensamientos limitantes que*
interfieren con esta reclamación, ya sean conocidos o desconocidos,
conscientes o inconscientes. Mis pensamientos son ahora uno con,

los mismos que y están en sintonía con el pensamiento divino. Ahora libero mi mente de todos los recuerdos, las expectativas y el temor a la soledad, la falta de amistades y los socios que no son de fiar. Ahora disipo todas las convicciones de carencia, limitación, autocompasión, falta de merecimiento y falta de mérito.

Mi corazón está ahora abierto, y ahora atraigo, doy la bienvenida, acepto y disfruto de un conjunto de amigos fiables, confiables, dignos de confianza, cariñosos, solícitos y devotos. Mi mente se ve ahora llenada de amor propio, autoestima, autoaceptación, merecimiento, la propia autoridad, sentido de la responsabilidad y dignidad. Me gusto, me quiero y me acepto ahora. Dios está conmigo ahora y siempre. Por lo tanto, NUNCA volveré a estar solo.

Tan profundamente como puedo, ahora perdono a todos mis conocidos pasados que han resultado ser poco dignos de confianza y poco fiables. Sé que lo hicieron lo mejor que pudieron en su momento, por lo que no hay razón alguna para la culpabilidad o el reproche. Ahora hago lo que es necesario para hacer y conservar amistades maravillosas y cariñosas: siendo el mejor amigo que puedo ser, tanto conmigo mismo como con mis amistades.

Ahora acepto plenamente en consciencia a mis amistades cariñosas, fiables, de fiar y confiables perfectas, o algo mejor. Gracias, Dios, por mis amistades cariñosas ahora. ASÍ SEA.

QUINTA PARTE

PLANETA ILIMITADO

CAPÍTULO 17

Mundo próspero

«La gente que está lo suficientemente loca para pensar que puede cambiar el mundo es la que lo cambia».

STEVE JOBS

La abundancia está disponible para todo el mundo. Simplemente necesitas acceder a ella. Este capítulo proporciona métodos para aportar prosperidad a toda la humanidad, a pesar de las diversas crianzas y educaciones, orígenes, etnicidades, nacionalidades, circunstancias, capacidades, discapacidades y retos.

AFIRMACIÓN POSITIVA PARA LA PROSPERIDAD PLANETARIA

La fuente y suministro infinito del Espíritu es una colección de tesoros de la abundancia a los que cualquiera puede acceder. Esta afirmación positiva puede ayudar a revertir la pobreza e incrementar la prosperidad mundial y las oportunidades ilimitadas. Recita estas palabras en voz alta con convicción y confianza,

El Espíritu es la fuente y suministro infinito de abundancia divina. Sus vastos recursos no tienen fin ni límite, y siempre hay un exceso divino. Este tesoro está abierto eternamente y la puerta está siempre despejada. Todos pueden acceder a esta caja fuerte de copiosa prosperidad. Cualquiera puede entrar en esta cámara acorazada y retirar una profusión infinita.

Ahora visualizo a toda la humanidad abriendo la puerta a este ilimitado almacén de fortuna, que está repleto de una riqueza, dinero, opulencia, abundancia, éxito, realización, satisfacción, alegría, placer, júbilo, deleite, inspiración y dicha extática eterna.

Ahora imagino a todos los humanos asumiendo la responsabilidad por su bienestar. Llevan una vida que vale la pena llena de actividades enriquecedoras. Disfrutan de suministros abundantes de ropa, comida, alojamiento, salud, bienestar y ocupaciones gratificantes. Encuentran coincidencias fortuitas que no son realmente casuales. Llevan una vida rica y satisfactoria, en felicidad, armonía y alegría.

Ahora imagino nuestro planeta con abundancia de una vida generosa, con una diversidad rica y copiosa. Todos los humanos viven ahora de acuerdo con la tierra, y disfrutan de paz, prosperidad y realización. La vida en la tierra es alegre, placentera, equilibrada y armoniosa. Gracias, Dios, por poner de manifiesto todo lo que he dicho, o algo mejor, en la vida de la humanidad ahora. Y ASÍ ES.

CANTO PARA EL CIELO EN LA TIERRA

Nuestro planeta puede ser un lugar celestial. Si lo tratamos con respeto, y si estamos unidos en armonía, podríamos crear una vibración amorosa que nos sustentaría hacia un futuro de amor, luz, felicidad y realización. Recita esta afirmación positiva en voz alta y con convicción mientras visualizas el cielo en la tierra.

Nuestro planeta es ahora un lugar celestial en el que vivir.
La humanidad trata a nuestro planeta con respeto.

La humanidad procede con precaución con respecto a la tierra,
   el aire y el agua.
La humanidad es ahora compasiva, amable y tolerante.
El amor y el respeto viven ahora en todos los corazones humanos.
La armonía habita ahora en todas las mentes humanas.
La paz reside ahora en todas las almas humanas.
Los humanos irradian ahora amor, luz, felicidad y realización.
Los humanos asumen ahora la responsabilidad por sus acciones.
La virtud se consolida ahora en la Tierra.
El cielo en la Tierra es ahora una realidad.
Gracias, Dios, y ASÍ ES.

MEDITACIÓN PARA UNA VIDA DE ABUNDANCIA

Hay suficientes recursos en el planeta Tierra para sustentar todas las formas de vida. Sin embargo, la falta de respeto, la inequidad, la estupidez, la autoindulgencia, la insensibilidad, la falta de humanidad, la crueldad y la avaricia han provocado una situación peligrosa que amenaza a la savia de la humanidad: los recursos de la Tierra. Esta meditación puede contribuir a la fecundidad planetaria. Graba estas palabras en tu dispositivo. Luego siéntate cómodamente en tu silla favorita, inicia la reproducción a un volumen bajo y sigue las instrucciones.

Si estás escuchando esto en forma de una grabación, cierra ahora los ojos y mantenlos cerrados a lo largo de la meditación hasta que te diga que los abras.

Ahora genera una imagen mental de tu hermoso planeta, tal y como se ve desde el espacio exterior… Visualiza este hermoso globo, con sus océanos de color azul intenso, sus continentes verdes y dorados y sus arremolinadas nubles blancas… Imagina el Sol, la Luna y los cielos estrellados en la distancia…

Ahora acércate más a la Tierra y observa nuestro hermoso planeta lleno de vida… Desde tu perspectiva privilegiada, a gran altura por encima de la Tierra, ves los bosques, los ríos, los océanos, los lagos, los casquetes polares, las granjas, las carreteras, los puentes, los pueblos y las ciudades… A medida que te vas acercando al planeta, date cuenta de los millones de especies de plantas, árboles, insectos, reptiles, anfibios, peces, aves, mamíferos vida submarina y vida subterránea… Ves la abundancia de especies y cómo la red de la vida funciona en perfecta armonía…

Ahora imagina que los humanos transforman su relación con la Tierra. Ahora se dan cuenta de las prácticas nocivas que destruyen a la red biológica… Ahora aprecian y honran a estas copiosas especies… Todas las prácticas que dañan el ecosistema están ahora abolidas… El maltrato animal y la caza furtiva ya no existen… No hay deforestación, destrucción del hábitat o despilfarro de recursos naturales… La contaminación electromagnética y debida a las radiaciones está ahora prohibida… No se extrae ni se quema petróleo, no se transforma en plástico, ni se envenena la atmósfera…

Ahora imagina que la humanidad cambia su relación con el agua. Ahora conserva, respeta y honra al agua… Ya no envenena el suministro de agua del planeta… Ahora se implementan soluciones inteligentes frente a la escasez de agua… El calentamiento global y la reducción del tamaño de los glaciares se ven ahora revertidos debido a un veto a nivel mundial de las emisiones de carbono, ya que ahora se implementan universalmente fuentes de energía respetuosas con el medio ambiente…

Ahora imagina que los humanos prohíben todas las prácticas agrícolas y de producción animal destructivas. Los organismos modificados genéticamente están ahora prohibidos… Los mortíferos pesticidas ya no están permitidos… Las prácticas agrícolas ya no dañan la tierra… Se practica la rotación de cultivos, se deja los campos en barbecho y nuestro precioso suelo está protegido… Prevalecen los estándares más elevados en los procesos de tratamiento de los alimentos orgánicos en la producción de ganado, aves y leche…

Ahora imagina que la industria farmacéutica ya no está gobernada por la avaricia. Ahora respalda y potencia la buena salud, el bienestar y la felicidad de toda vida… Los medicamentos y la asistencia médica dadoras de vida son ahora asequibles para todos… Los remedios homeopáticos, herbales y holísticos de otros tipos son ahora ampliamente respetados y recetados… Los médicos y otros profesionales de la salud se centran ahora únicamente en salvar vidas, evitar enfermedades y promover el bienestar en lugar de ser censurados, asaltados o encarcelados… La información sobre la salud ya no es censurada, y se recupera la libertad de expresión…

Debido a los cambios nuevos, poderosos y positivos en la relación de la humanidad con nuestro precioso planeta, el estado físico, emocional, mental y espiritual de la humanidad es ahora sano y armonioso y está equilibrado. Todos los seres vivos viven ahora en bienestar, plenitud, felicidad, prosperidad y abundancia.

Ahora vuelve a abrir el zum hacia el espacio exterior y vuelve a observar nuestro precioso planeta. Mira cómo resplandece e irradia una hermosa aura verde esmeralda de perfecta buena salud, conservación de recursos, equilibrio ecológico, suministros y reservas copiosos, felicidad radiante y prosperidad para todos.

Ahora ha llegado el momento de salir de esta meditación. Manteniendo los ojos cerrados, con alegría y gratitud en tu corazón, sopla ahora vigorosamente por lo menos cuatro veces como si estuvieses apagando velas… [Graba 15 segundos de silencio aquí]. Luego regresa al equilibrio interior y exterior, abre los ojos y repite esta afirmación positiva después de mí:

ESTOY atento… ESTOY muy atento… ESTOY despierto…
ESTOY muy despierto… ESTOY equilibrado interior y
exteriormente… OSTENTO el control… SOY la única
autoridad en mi vida… ESTOY protegido divinamente… por la
luz de mi ser… El planeta Tierra está ahora… en un equilibrio y
bienestar perfectos… Hay abundante vida en este planeta… en
armonía ecológica… Gracias, Dios, y ASÍ ES.

COMERCIO MUNDIAL ABUNDANTE

Podemos unirnos en un mundo de gran prosperidad cuando eliminamos el poder absoluto de las prácticas comerciales mundiales injustas. Recita esta afirmación positiva en voz alta con convicción, certeza y confianza para ayudar la humanidad a avanzar hacia un comercio mundial armonioso y copioso.

La ley de la circulación, la ley de la compensación,
la ley del incremento y la ley del bien ilimitado
están ahora en funcionamiento en el planeta Tierra,
aportando copiosa abundancia a todos.
Dios está al cargo del comercio mundial ahora.
Las fuerzas de la codicia y la avaricia
ya no dictan las prácticas del comercio mundial.
Las fuerzas del bien y de la sabiduría más elevada
traen ahora un comercio justo e igualdad para toda
la humanidad.
Hay suficiente para todos, y a lo largo de todo el planeta
todos los seres disfrutan de gran riqueza, fortuna y opulencia.
Gracias, Dios, y ASÍ ES.

CAPÍTULO 18

Paz próspera en la Tierra

«No es rico el que mucho tiene, sino el que mucho da».

ERICH FROMM

Este capítulo final ofrece métodos que transforman la Tierra en un paraíso de abundante paz, amor y armonía para toda la humanidad. Que haya paz en la Tierra, y que empiece por ti.

ELEVACIÓN DE LA VIBRACIÓN DEL MUNDO

Una nube astral turbia rodea a nuestro amado planeta. Reduce la vibración del campo de energía de la Tierra y provoca discordia y desacuerdos. Esa nube está formada por pensamientos, convicciones y emociones negativos colectivos. Sin embargo, al recitar estas palabras poderosas con sinceridad y confianza, puedes elevar la vibración planetaria, contribuir a la paz mundial y crear un mundo de luz, amor y felicidad abundantes y sublimes.

Ahora invocamos al Espíritu Santo,
    al Espíritu de la verdad y la plenitud,
    para que llene y rodee nuestro planeta
    de la luz blanca brillante y pura
    de la unicidad y la plenitud divinas.
Ahora invocamos a Saint Germain
    para que encienda la llama violeta incontenible
    y transmutadora de la pureza y la claridad
    a través de la atmósfera del mundo,
    sanando y elevando todas las energías inapropiadas
    que reducen la frecuencia vibratoria de nuestro planeta.
Ahora invocamos a la espada de llama azul
    del arcángel Miguel, y a las alas de llama azul
    de su legión de ángeles de Rayo Azul
    para que eleven, sanen, renueven y restauren a la Tierra
    y la protejan del daño, la ruina y la destrucción.
Ahora invocamos al maestro inmortal Babaji
    para que eleve las energías de nuestra atmósfera colectiva
    y para que eleve a nuestro planeta hasta la vibración
    más refinada que sea posible disfrutar para la humanidad.
Ahora invocamos a Babaji para que incremente la frecuencia
    de la energía divina que circula a través de la Tierra.
Ahora invocamos a los ángeles, los arcángeles,
    y a otros seres divinos que vienen en el nombre de Dios
    para que llenen y rodeen a nuestro planeta de energías
    abundantes, sublimes y divinas de amor, luz y paz.
Los seres de luz elevan ahora al mundo a una vibración superior.
La atmósfera de nuestro planeta es ahora
    elevada, elevada, elevada, elevada, elevada, elevada, elevada,
    elevada, hacia la vibración más alta que podamos disfrutar
    con comodidad.
Vivimos en un planeta de abundante energía vibratoria elevada.
Gracias, Dios, y ASÍ ES.

MEDITACIÓN PARA LA PAZ MUNDIAL

Esta meditación puede ayudarte a aportar tu energía para la paz en la Tierra. Graba la siguiente meditación en tu dispositivo. Luego, siéntate cómodamente en un entorno tranquilo, inicia la reproducción a un volumen bajo y sigue las instrucciones.

Si estás escuchando esto en forma de una grabación, ahora cierra los ojos y mantenlos cerrados a lo largo de la meditación hasta que te diga que los abras.

Paz, paz, quédate tranquilo… Quédate tranquilo y estate en paz… Paz perfecta, paz perfecta, paz perfecta… Quédate tranquilo… y estate en paz… Haz una gran respiración profunda de relajación. Inspira… y espira… Haz una gran respiración honda de plenitud… Inspira… y espira… Haz una gran respiración profunda de paz. Inspira… y espira… A mayor profundidad, mayor profundidad, mayor profundidad, hacia el interior de los pozos del Espíritu, hacia el interior del silencio del ser…

Ahora sabemos y reconocemos que Dios es la fuente de la paz suprema y abundante. Dios es unidad, plenitud y unicidad. Dios es uno: uno y sólo uno, uno y nada más que uno, uno sin un segundo. Dios es perfección por doquier ahora. Dios es perfección aquí y ahora.

Ahora somos uno con, estamos unidos a y estamos fusionados con Dios. Dios está con nosotros y se encuentra en nuestro interior. Somos unicidad, somos uno sin un segundo. Somos uno y sólo uno, sin otro. Somos la perfección por doquier ahora. Somos la perfección aquí y ahora.

Ahora, por lo tanto, afirmamos que toda la humanidad está unificada en amor y paz. Hay paz en la Tierra y amor incondicional entre todos los seres ahora.

Ahora visualiza una luz divina radiante hermosa y esplendorosa que llena, rodea, impregna, satura, engloba y se extiende por todo el planeta… Vemos ahora que esta luz unifica, en forma de una plenitud inmutable, todas las diversas razas, nacionalidades, religiones, sistemas de creencias, constructos, conceptos, ideales, esperanzas y sueños… Ésta es la luz de la tolerancia, del amor fraternal y sororal, y de la unicidad…

Ahora imagina en tu mente todo el globo terráqueo… Percibe un hermoso corazón latiendo en el área del Machu Picchu, en Perú, en los Andes de Sudamérica, en el chakra del corazón del planeta… Visualiza este corazón latiendo con amor incondicional por todos los seres… Imagina que, desde las colinas sagradas de los Andes, esta luz divina empieza a extenderse por toda Sudamérica… luego por Norteamérica… hacia Europa… luego a África… después a Asia… seguidamente a Australia… y por y a lo largo de todo el Pacífico…

Nota cómo este amor divino incondicional llena ahora toda la Tierra con olas de paz… Imagina todo del mundo y a todos los seres vivos envueltos, empapados, inmersos y bañados en puro amor divino… Visualiza cómo el amor divino llena, rodea, impregna, satura y engloba el planeta… Imagina a los millones de personas que habitan la Tierra, personas de todo tipo, tomándose ahora de las manos, regocijándose y celebrando la paz en la Tierra, bailando al unísono una danza de amor, alegría, armonía, libertad, igualdad y tolerancia…

Paz, paz, quédate tranquilo… Quédate tranquilo y estate en paz… Paz perfecta, paz perfecta, paz perfecta… Quédate tranquilo y estate en paz… Repite las siguientes palabras audiblemente y con convicción después de mí:

ESTOY en paz… SOY un embajador de la paz… SOY un filántropo de la paz… Ahora difundo paz… a todos los seres en la Tierra… Vivo en paz… Mi misión es la paz… ESTOY comprometido con la paz en la Tierra… Vivo mi vida en paz… Cada precioso momento es una nueva oportunidad para la paz… Extiendo paz allá donde voy… ESTOY sereno… ESTOY en paz… SOY cariñoso… SOY amable… SOY compasivo… SOY paciente… SOY tolerante… ESTOY agradecido… SOY bendecido inconmensurablemente… SOY amado inconmensurablemente… Gracias, Dios, y ASÍ ES.

Ahora ha llegado el momento de salir de esta meditación. Mantén los ojos cerrados. Luego, con alegría y gratitud en tu corazón, sopla vigorosamente por lo menos cuatro veces como si estuvieses apagando velas… [Graba 15 segundos de silencio aquí]. Después, ten la intención de regresar al equilibrio objetivo y subjetivo, abre los ojos y repite esta afirmación positiva después de mí:

ESTOY atento... ESTOY muy atento... ESTOY despierto... ESTOY muy despierto... ESTOY equilibrado interior y exteriormente... OSTENTO el control... SOY la única autoridad en mi vida... ESTOY protegido divinamente... por la luz de mi ser... Gracias, Dios, y ASÍ ES.

EL RAYO

«El rayo» es una práctica de meditación enseñada por un maestro ascendido que nació en el siglo xx. Prefiere mantenerse en el anonimato. Puedes leer su historia en mi libro *Ascensión: conectando con los maestros inmortales y los seres de luz*. Practicar el rayo te ayuda a canalizar o irradiar la energía del Espíritu para beneficiar a todos los seres del universo.

El rayo es un circuito de energía que tiene su origen en el centro del universo y que luego fluye a través de ti y de vuelta, orientado por la inteligencia divina. El rayo es la energía primordial del Espíritu, que es eterna y se autopropaga. Todo está hecho a partir de él, y su fuente es infinita.

Independientemente de dónde imagines que te encuentras en la escala evolutiva, ya estás unido a la abundancia, el amor, la luz, la paz, el poder y la energía del Espíritu infinitos. No necesitas ser «evolucionado», estar «cualificado», ser «santo» o estar «iluminado». Ya tienes todo lo que necesitas. Lo único que evita que te fusiones con el Espíritu es tu hábito de incredulidad. Por lo tanto, hacer que creer sea un hábito es todo lo que necesitas para irradiar Espíritu y bendecir a todos por doquier.

La mejor forma de practicar «el rayo» consiste en sentarse unos cinco minutos con la intención de experimentar el Espíritu. Puedes cerrar los ojos o no. Atraviesa el velo, traspasa la barrera, cruza el puente de la incredulidad. Cierra el hueco de la falsa separación y elige fusionarte con el Espíritu. Escoge, simplemente, dejar de desconfiar. Después, como ya estás ahí, permite que la plenitud de la energía y el poder divinos fluyan a través de ti, como ese ser pleno, en beneficio de otros.

Con la concentración atenta y concentrada de un láser, imagina un rayo de energía divina pura con el diámetro aproximado de un balón de fútbol, fluyendo desde tu ser y dirigiéndose hacia el centro del universo, sabiendo que en algún momento se desviará hacia donde sea necesario. No necesitas saber hacia dónde. Tu única responsabilidad consiste en transmitir la energía del Espíritu hacia fuera para beneficiar a otros. Su energía se destinará allá donde exista la mayor necesidad.

Practica el rayo tres veces al día, cinco minutos cada vez. Luego se convertirá en algo habitual y empezará a adquirir vida propia. Empezarás a vivir de forma natural desde ese lugar de poder y energía divinos.

Cada vez que irradias esa energía espiritual desde la fuente infinita, te llega de vuelta algo extra. De forma análoga, si irradias diez gramos, regresan once gramos, por lo que la próxima vez puedes irradiar incluso más.

Se recomienda practicar el rayo en forma de períodos cortos, ya que el ego humano tiene una resistencia natural a perderse en la perfección infinita. Cuando decides abandonar tu ego durante sólo períodos limitados de cinco minutos, tu ego se siente más seguro y menos temeroso de dejarse ir. Así, se asegura a tu ego que puede volver a ser imperfecto simplemente al cabo de cinco minutos.

Practicando el rayo habitualmente, tu ego se acostumbrará gradualmente a aceptar la intensidad de la unidad. El hábito de dejar ir empieza a crecer. Mientras te relajas con respecto a las debilidades y las limitaciones, te ves atraído hacia el interior de la presencia divina como un imán. El ego forcejea menos y acepta una mayor abundancia de amor, luz, felicidad y paz para ti mismo y para todos los otros seres.

Escríbeme a divinerev@aol.com y hazme saber cómo está progresando tu experiencia con el rayo.

MANTRA PARA UNA ARMONÍA MUNDIAL ABUNDANTE

Este mantra tradicional de la India irradia ondas de paz mundial, armonía, justicia, libertad y bienestar. Tiene su origen en el *Brhadaranyaka Upanishad*. Para pronunciarlo correctamente, visita el canal de YouTube Purple Valley Ashtanga Yoga y busca el vídeo «Ashtanga Closing Mantra» («Mantra de cierre Ashtanga»).

Svasti prajabhyah paripalayantam nyayena margena mahim mahishaha
Gobrahmanebhyaha shubham astu nityam lokah samastah sukhino bhavantu

Aquí tenemos la traducción:

Que los gobernantes del mundo protejan el bienestar de la gente, con justicia, mediante el camino correcto. Que siempre haya buena fortuna y prosperidad para todos los seres vivos. Que todos los seres del mundo estén llenos de felicidad y sean libres. Que tus pensamientos, palabras y actos contribuyan a esa felicidad y libertad.

Agradecimiento en nombre de la autora

Gracias por leer este libro y por emplear sus métodos prácticos. Si te has beneficiado de sus técnicas potenciadoras de la prosperidad, tómate un momento para echarle un vistazo a la página de *Meditaciones para la prosperidad* en el portal web de Amazon, donde puedes dejar una reseña. Estas valoraciones son vitales para ayudar a los lectores a encontrar libros sobre este género, lo que puede incrementar la prosperidad y la espiritualidad. Además, las reseñas ayudan enormemente a la autora a promocionar su obra.

APÉNDICE

Escoge tu meditación

Capítulo 2: Conciencia próspera
El viaje hacia el infinito   *Página 27*
Todo es posible   *Página 32*
Afirmación positiva para la satisfacción abundante   *Página 33*
Afirmación positiva para la realización suprema   *Página 33*
Mantra para la plenitud   *Página 34*

Capítulo 3: Empoderamiento próspero
Afirmación positiva para el autoempoderamiento   *Página 35*
Afirmación positiva para la fortaleza interior   *Página 36*
El decreto Kedushah   *Página 37*
Yo creo mi realidad   *Página 37*
Autodeterminación próspera   *Página 39*
Meditación para la verdadera expresión personal   *Página 40*

Capítulo 4: Felicidad próspera
Eliminar los bloqueos para la felicidad   *Página 43*
Aceptar lo que hay   *Página 44*
Afirmación positiva para la felicidad   *Página 45*
Gratitud abundante   *Página 46*
Gratitud por la generosidad de Dios   *Página 47*
Meditación para la risa   *Página 48*

Capítulo 5: Camino y propósito prósperos
Dios es la respuesta   *Página 54*

Afirmación positiva del plan y el propósito divinos   *Página 54*
Ejercicio del pensamiento ilimitado   *Página 56*
¿Qué actividad puede hacerte rico?   *Página 57*
Afirmación positiva del propósito de prosperidad   *Página 58*
Alquimia de la manifestación en siete pasos   *Página 59*
Capítulo 6: Manifestación próspera
Meditación para la manifestación divina   *Página 63*
Sustancia y suministro infinitos   *Página 66*
Visualización para la realización de milagros   *Página 67*
Invocando la ley del incremento   *Página 69*
Afirmación positiva para los milagros   *Página 70*
Mantra para la manifestación de la realización de milagros
Página 71

Capítulo 7: Trayectoria profesional próspera
Expresión del trabajo divino   *Página 73*
Soy el maestro de mi oficio   *Página 75*
Trayectoria profesional decidida   *Página 75*
Vocación deliberada   *Página 77*
Conseguir el trabajo de tus sueños   *Página 78*
Afirmación positiva para el incremento   *Página 80*
Sanar tu lugar de trabajo   *Página 81*

Capítulo 8: Hogar y automóvil prósperos
Tu hogar ideal en imágenes   *Página 83*
Visualizar tu hogar ideal   *Página 84*
Sanar la atmósfera de tu hogar   *Página 87*
Elevar la vibración de tu hogar   *Página 89*
Poner de manifiesto tu vehículo ideal   *Página 91*

Capítulo 9: Estilo de vida próspero
Aceptar y recibir tu bien   *Página 93*
La vida sin límites   *Página 96*
Herencia divina   *Página 96*
Tablón de la visión del lujo   *Página 97*
Abrir tu fuente del dinero   *Página 98*

Capítulo 10: Cuenta bancaria próspera
Afirmación positiva para la abundancia ilimitada   *Página 101*
Meditación para la riqueza ilimitada   *Página 102*
Tu banquero divino   *Página 105*
Visualización mágica del dinero   *Página 106*
Mantra de «amo el dinero»   *Página 108*
Afirmación positiva de la máquina de dinero   *Página 108*
Oración de Jabes   *Página 109*
Sanar la carencia   *Página 109*
Revertir las pérdidas económicas   *Página 111*
Restaurar tu bien   *Página 112*
Mantra de Lakshmi Kubera   *Página 114*
Mantra de la Yakshini Vikala   *Página 114*
Mantras de la diosa Lakshmi   *Página 115*
Shodashopachara Vidhi para Mahalakshmi   *Página* 115
Diwali Lakshmi mantra   *Página* 116
Mantra cotidiano de Lakshmi   *Página* 116
Mantra de Maha Lakshmi   *Página* 116
Mantra de Lakshmi Gayatri   *Página* 117
Mantra de Lakshmi Bij   *Página* 117
Mantra de Maha Lakshmi Yakshineevidya   *Página* 117
Mantra de Siddhlakshmi   *Página* 118
Sri Dakshina Lakshmi Stotram   *Página* 118

Capítulo 11: Salud física próspera
Afirmación positiva para una vida de abundancia   *Página 123*
Meditación de la luz flameante   *Página 124*
Ejercicio para la energía vital   *Página 126*
El aliento de la vida de abundancia   *Página 127*

Capítulo 12: Salud mental próspera
Optimismo ilimitado   *Página 129*
Reflexión sana   *Página 130*
Afirmación positiva para dejar ir   *Página 131*
Afirmación positiva para el perdón   *Página 132*

Capítulo 13: Salud espiritual próspera
    Limpieza con la llama violeta   *Página 133*
    Invocación del arcángel Miguel   *Página 134*
    Escudo de protección inexpugnable   *Página 135*
    Afirmación positiva del fuego violeta   *Página 138*
    Mantra para la protección y la reparación   *Página 139*
    Himno a la diosa de la riqueza óctuple   *Página 140*
    Mantra para la realización espiritual   *Página 140*

Capítulo 14: Autoestima próspera
    Mantras para la autoestima   *Página 145*
    Meditación para un amor rebosante   *Página 147*
    Activación de la sanación de la propia valía   *Página 149*
    Bendiciones de la presencia sagrada   *Página 152*
    El templo interior   *Página 152*

Capítulo 15: Compañero sentimental próspero
    Libro de visión de un compañero sentimental   *Página 157*
    Afirmación positiva para un alma gemela   *Página 159*
    Amigo y compañero perfecto   *Página 159*
    Realización sexual   *Página 162*
    Mantras de Kamadev   *Página 164*
    Mantra de Kamadeva Gayatri   *Página* 164
    Incrementar la energía sexual   *Página* 165
    Mantra para el matrimonio   *Página* 165
    Invocar a Kamadev   *Página* 165
    Mantra de Kamadev Vashikaran   *Página* 166

Capítulo 16: Relaciones prósperas
    Cortar ataduras vinculantes   *Página 167*
    Canto de sanación del perdón   *Página 168*
    Libertad de las ataduras   *Página 169*
    Romper patrones ancestrales   *Página 170*
    Armonía familiar   *Página 171*
    Amistades cariñosas abundantes   *Página 173*

Capítulo 17: Mundo próspero
    Afirmación positiva para la prosperidad planetaria   *Página 177*
    Canto para el cielo en la Tierra   *Página 178*
    Meditación para una vida de abundancia   *Página 179*
    Comercio mundial abundante   *Página 181*

Capítulo 18: Paz próspera en la Tierra
    Elevación de la vibración del mundo   *Página 183*
    Meditación para la paz mundial   *Página 185*
    El rayo   *Página 187*
    Mantra para una armonía mundial abundante   *Página 189*

Otros libros escritos por la autora

Divine revelation. Fireside/Touchstone/Simon & Schuster, Nueva York, 1996.

Exploring meditation. Weiser, Newburyport (Massachusetts), 2002.

Miracle prayer. Celestial Arts/Penguin Random House, Berkeley (California), 2005.

Ascension. Weiser, Newburyport (Massachusetts), 2010. (Trad. cast.: *Ascensión: conectando con los maestros inmortales y los seres de luz.* Ediciones Obelisco: Rubí [Barcelona], 2017).

Instant healing. Weiser, Newburyport (Massachusetts), 2013. (Trad. cast.: *Sanación instantánea: obtén fortaleza interior, empodérate y crea tu propio destino.* Ediciones Obelisco: Rubí [Barcelona], 2019).

The power of auras. Weiser, Newburyport (Massachusetts), 2013.

Awaken your third eye. Weiser, Newburyport (Massachusetts), 2015. (Trad. cast.: *El despertar del tercer ojo: acede al conocimiento, la iluminación y la intuición.* Ediciones Obelisco: Rubí [Barcelona], 2016).

Awaken your divine intuition. Weiser, Newburyport (Massachusetts), 2016. (Trad. cast.: *Despierta tu intuición divina: recibe sabiduría, bendiciones y amor conectando con el espíritu.* Ediciones Obelisco: Rubí [Barcelona], 2017).

Color your chakras. Weiser, Newburyport (Massachusetts), 2016.

Maharishi & me. Skyhorse/Simon & Schuster, Nueva York, 2018.

The big book of chakras and chakra healing. Weiser, Newburyport (Massachusetts), 2019. (Trad. cast.: *El gran libro de los chakras y la curación a través de los chakras: cómo desbloquear tus siete centros energéticos para la salud, la felicidad y la transformación.* Ediciones Obelisco: Rubí [Barcelona], 2021).

Third eye meditations. Weiser, Newburyport (Massachusetts), 2020. (Trad. cast.: *Meditaciones del tercer ojo.* Ediciones Obelisco: Rubí [Barcelona], 2022).

Earth energy meditations. Weiser, Newburyport (Massachusetts), 2021.

The inner light: How India influenced the Beatles. Permuted Press, Brentwood (Tennessee), 2022.

Acerca de la autora

La doctora Susan Shumsky ha dedicado su vida a ayudar a la gente a asumir el mando de su vida de formas muy eficaces, poderosas y positivas. Es una destacada experta en espiritualidad, una oradora profesional muy aclamada y enormemente respetada, una invitada a medios de comunicación muy cotizada, ministra del Nuevo Pensamiento y doctora en Teología.

La doctora Shumsky ha ganado cuarenta y dos prestigiosos galardones literarios. Es la autora de diecinueve libros en inglés y de treinta y seis obras en ediciones extranjeras. Su libro de memorias, titulado *Maharishi & me,* ha ganado trece premios literarios.

La doctora Shumsky ha practicado disciplinas para el desarrollo personal desde 1967. Durante dos décadas estudió meditación en el Himalaya, los Alpes suizos y otras regiones remotas con Maharishi Mahesh Yogi, fundador de la meditación trascendental y gurú de los Beatles. La doctora Shumsky formó parte del grupo de empleados personales de Maharishi durante seis años en Europa. Luego estudió el Nuevo Pensamiento y Metafísica y se convirtió en doctora en Teología.

La doctora Shumsky ha enseñado meditación, oración, intuición y sanación espiritual a miles de estudiantes de todo el mundo desde 1970. Es la fundadora de Divine Revelation®, una tecnología única demostrada en el terreno para contactar con la presencia divina, oír y poner a prueba a la voz interior y recibir orientación divina clara.

La doctora Shumsky ha participado en más de setecientas conferencias, ha aparecido en más de mil trescientos medios de comunicación y en varios documentales. Ahora viaja mucho, produciendo y facilitando talleres, conferencias, seminarios en el mar en cruceros, retiros y viajes a destinos sagrados de todo el mundo. También dirige un círculo seminal de oración y ofrece *coaching* spiritual privado, sesiones de terapia mediante la oración y sesiones de descubrimiento espiritual.

Todos los años de investigación de la doctora Shumsky sobre la consciencia y la exploración interior han contribuido a sus libros y enseñanzas, que pueden reducir significativamente muchos obstáculos en la misión de un buscador de la verdad interior y reducir enormemente el tiempo necesario para alcanzar el camino interior hacia el Espíritu.

En sus páginas web www.drsusan.org, www.susanshumsky.com, y www.divinetravels.com, puedes:

- Unirte a la lista de correo.
- Ver el itinerario de la doctora Shumsky.
- Leer el primer capítulo de los libros de la doctora Shumsky.
- Disfrutar de las entrevistas, artículos y vídeos gratuitos de la doctora Shumsky.
- Encontrar maestros de la Divine Revelation (Revelación Divina) en distintas regiones.
- Pedir libros, productos de audio y vídeo, archivos descargables, cursos para estudiar en casa y tarjetas con afirmaciones positivas plastificadas.
- Pedir preciosas impresiones a todo color de ilustraciones de la doctora Shumsky.
- Registrarte para sesiones telefónicas y teleseminarios con la doctora Shumsky.
- Registrarte para un crucero, retiro o viaje espiritual.

Cuando te unas a la lista de correo en www.drsusan.org, recibirás una minimeditación orientada gratuita descargable y acceso a la teleconferencia semanal gratuita del círculo de oración de la doctora Shumsky.

Queremos saber de ti. Comparte tus experiencias personales sobre la meditación o invita a la doctora Shumsky para que le dé una charla a tu grupo: divinerev@aol.com. Si has disfrutado con este libro, escribe una reseña en Amazon y ofrece este libro a tus amigos y familiares a modo de regalo. Puede que también te apetezca obtener un ejemplar de este libro en versión audio original para que te ayude a practicar las meditaciones orientadas. Está disponible en Brilliance Audio.

Índice

Prólogo 9
Agradecimientos 11
Lectura obligatoria: Cómo usar este libro 13
  ¿Cuál es el objetivo de la meditación? 13
  ¿Es la meditación una práctica religiosa? 14
  ¿Qué es la «meditación orientada»? 14
  ¿Qué es la «visualización»? 15
  ¿Qué es la «afirmación positiva»? 15
  ¿Qué es un «mantra»? 16
  El poder del discurso audible 16
  Preparándote para meditar 17

PRIMERA PARTE. Pensamiento ilimitado 21
Capítulo 1. El dinero va allá donde es bienvenido 23
  ¿Puede la meditación hacerte próspero? 25

Capítulo 2. Conciencia próspera 27
  El viaje hacia el infinito 27
  Todo es posible................................. 32
  Afirmación positiva para la satisfacción abundante 33
  Afirmación positiva para la realización suprema 33
  Mantra para la plenitud 34

Capítulo 3. Empoderamiento próspero 35
  Afirmación positiva para el autoempoderamiento 35
  Afirmación positiva para la fortaleza interior.......... 36
  El decreto Kedushah............................. 37
  Yo creo mi realidad 37

Autodeterminación próspera.   39
Meditación para la verdadera expresión personal.   40

Capítulo 4. Felicidad próspera.   43
Eliminar los bloqueos para la felicidad   43
Aceptar lo que hay   44
Afirmación positiva para la felicidad.   45
Gratitud abundante   46
Gratitud por la generosidad de Dios.   47
Meditación para la risa   48

SEGUNDA PARTE. Bien ilimitado.   51
Capítulo 5. Camino y propósito prósperos   53
Dios es la respuesta. . . . . :   54
Afirmación positiva del plan y el propósto divinos   54
Ejercicio del pensamiento ilimitado   56
¿Qué actividad puede hacerte rico?   57
Afirmación positiva del propósito de prosperidad   58
Alquimia de la manifesatación en siete pasos.   59

Capítulo 6. Manifestación próspera.   63
Meditación para la manifestación divina.   63
Sustancia y suministro infinitos   66
Visualización para la realización de milagros.   67
Invocando la ley del incremento.   69
Afirmación positiva para los milagros   70
Mantra para la manifestación de la realización de milagros. .   71

Capítulo 7. Trayectoria profesional próspera   73
Expresión del trabajo divino.   73
Soy el maestro de mi oficio.   75
Trayectoria profesional decidida   75
Vocación deliberada   77
Conseguir el trabajo de tus sueños   78
Afirmación positiva para el incremento.   80
Sanar tu lugar de trabajo.   81

Capítulo 8. Hogar y automóvil prósperos 83
Tu hogar ideal en imágenes. 83
Visualizar tu hogar ideal 84
Sanar la atmósfera de tu hogar 87
Elevar la vibración de tu hogar 89
Poner de manifiesto tu vehículo ideal 91

Capítulo 9. Estilo de vida próspero 93
Aceptar y recibir tu bien 93
La vida sin límites. 96
Herencia divina 96
Tablón de la visión del lujo. 97
Abrir tu fuente del dinero. 98

Capítulo 10. Cuenta bancaria próspera 101
Afirmación positiva para la abundancia
ilimitada 101
Meditación para la riqueza ilimitada. 102
Tu banquero divino 105
Visualización mágica del dinero 106
Mantra de «amo el dinero» 108
Afirmación positiva de la máquina de dinero 108
Oración de Jabes. 109
Sanar la carencia. 109
Revertir las pérdidas económicas. 111
Restaurar tu bien 112
Mantra de Lakshmi Kubera 114
Mantra de la Yakshini Vikala 114
Mantras de la diosa Lakshmi. 115
Shodashopachara Vidhi para Mahalakshmi. 115
Diwali Lakshmi mantra 116
Mantra cotidiano de Lakshmi. 116
Mantra de Maha Lakshmi. 116
Mantra de Lakshmi Gayatri 117
Mantra de Lakshmi Bij. 117
Mantra de Maha Lakshmi Yakshineevidya 117

Mantra de Siddhlakshmi. 118
Sri Dakshina Lakshmi Stotram 118

TERCERA PARTE. Salud ilimitada. 121
Capítulo 11. Salud física próspera 123
Afirmación positiva para una vida de abundancia 123
Meditación de la luz flameante 124
Ejercicio para la energía vital. 126
El aliento de la vida de abundancia. 127

Capítulo 12. Salud mental próspera 129
Optimismo ilimitado 129
Reflexión sana. 130
Afirmación positiva para dejar ir. 131
Afirmación positiva para el perdón 132

Capítulo 13. Salud espiritual próspera. 133
Limpieza con la llama violeta 133
Invocación del arcángel Miguel. 134
Escudo de protección inexpugnable 135
Afirmación positiva del fuego violeta 138
Mantra para la protección y la reparación 139
Himno a la diosa de la riqueza óctuple 140
Mantra para la realización espiritual 140

CUARTA PARTE. Amor ilimitado. 143
Capítulo 14. Autoestima próspera 145
Mantras para la autoestima. 145
Meditación para un amor rebosante 147
Activación de la sanación de la propia valía. 149
Bendiciones de la presencia sagrada 152
El templo interior. 152

Capítulo 15. Compañero sentimental próspero. 157
Libro de visión de un compañero sentimental. 157
Afirmación positiva para un alma gemela 159

Amigo y compañero perfecto   159
Realización sexual.   162
Mantras de Kamadev   164
Mantra de Kamadeva Gayatri.   164
Incrementar la energía sexual   165
Mantra para el matrimonio.   165
Invocar a Kamadev.   165
Mantra de Kamadev Vashikaran   166

Capítulo 16. Relaciones prósperas.   167
Cortar ataduras vinculantes   167
Canto de sanación del perdón.   168
Libertad de las ataduras   169
Romper patrones ancestrales.   170
Armonía familiar   171
Amistades cariñosas abundantes   173

QUINTA PARTE. Planeta ilimitado   175
Capítulo 17. Mundo próspero.   177
Afirmación positiva para la prosperidad planetaria   177
Canto para el cielo en la Tierra   178
Meditación para una vida de abundancia   179
Comercio mundial abundante   181

Capítulo 18. Paz próspera en la Tierra.   183
Elevación de la vibración del mundo   183
Meditación para la paz mundial   185
El rayo   187
Mantra para una armonía mundial abundante   189

Agradecimiento en nombre de la autora   191
Apéndice.   193
Otros libros escritos por la autora   197
Acerca de la autora   199